善良的
歧視主義者

선량한 차별주의자

金知慧｜著　王品涵｜譯

你看見歧視了嗎？

第一次聽到「選擇障礙」這個詞時，我覺得相當有趣。聽起來就像是扼要地揭露了我「優柔寡斷」、「這樣做也不好、那樣做也不好」、「思考太多」的缺點。我在無數對話中，不斷使用含有自我貶低意義的話語；於是，這些話語終於闖下大禍。

那天，是舉辦關於「嫌惡詞彙」討論會的日子。由於有興趣的人太多，討論會還因此緊急轉換到更大的場地。以討論者身分一同出席的我，在討論會上使用了「選擇障礙」一詞。那時的我，正好在陳述當人置身「這樣做也不好、那樣做也不好」的情況時，我們該如何做出決定的話題。討論會結束後，在前往用餐的巴士上，與會者之一輕聲向我問道：

「您為什麼會使用『選擇障礙』這個詞呢？」

只是簡短的一句話，甚至不能說是問句，卻已一語道破我的錯誤。又或者更正確地來說，是指責了高談闊論著不要使用嫌惡詞彙的人，竟使用「選擇障礙」一事。在那麼多身心障礙人士出席聆聽的場合，我居然完全沒有意識到自己為什麼會使用「障礙」這個詞。

即刻向對方承認自己錯誤的我，為此感到相當羞愧。然而，討論會已經結束，也早已失去向與會者們致歉的機會。該如何是好？只是，有個奇怪的想法同時也在我的內心一隅萌生──「那句話怎麼了嗎？有什麼問題？」我開始啟動防禦機制，拚命否認那是個「問題」，並嘗試讓這件事變得雲淡風輕。

為了好好理解「選擇障礙」為什麼造成問題，我致電詢問投身身心障礙人士人權運動的相關人士。他向我解釋了我們在日常生活中究竟有多常習慣使用含有「障礙」等貶低意味的用詞，並表示當任何東西被貼上「障礙」一詞，即意味著「不足」、「劣等」。在這樣的觀念中，「身心障礙人士」也因此被視作不足、劣等的存在。

通話結束後，因而變得有些失神的我開始檢視自己。坦白說，我非常驚訝。「我居然存在歧視身心障礙人士的想法？」我不相信，不，是我不想相信。上大學後，我第一個加入的社團是「手語社」。主修社會福祉學與法律的我，不僅鑽研人權議題，也修習關於身心障礙人士的權利與法律的課程。再加上，家人中也有身心障礙人士，所以向來自認很瞭解狀況的我，竟然存在歧視的想法？

同時，我開始理解了許多事。憶起當自己遭受歧視時，身邊的人卻全然沒有意識的經驗。舉例來說，關於以前在職場辦公室裡，有個像「名牌」的東西。

當時的我是約聘人員，辦公室的門上貼著一張以紫色紙護貝的膠膜名牌；而貼在正職人員門上的名牌，則是以硬木板搭配白字。經過約兩年半後，我向那位同事提及兩者間的差異時，他才表示自己從未察覺名牌的不同。對他來說僅是看不見的「微小」差異，對我而言，卻是從上班到下班，開門進出的每一瞬間都猶如烙印著我身分的紅字。

仔細想想，所有歧視幾乎大同小異——受歧視的人確實存在，做出歧視的人卻視而不見。歧視，是人們因為遭受歧視而有所損失的故事。幾乎不會有人靠著歧視得利，還挺身述說關於歧視的故事。顯然是始於雙方立場不平衡的歧視，即使對所有人都不公平，但很奇怪的是，最終卻像只屬於受歧視者的事。為什麼會變成這樣？如果自己會有遇上受歧視的時候，表示自己也有做出歧視的時候吧？

自此，我開始感到恐懼。原來歧視不再是與我無關的事。無論在教室、會議室、討論會場等任何地方，我內化的歧視觀念隨時都有可能以某種型態的言語和行動突然出現。

於是，我決定開始研究。首先，我蒐集了各式各樣對少數群體的侮辱性字眼。這項基礎作業是為了藉由各種嫌惡詞彙，分析人們對少數群體存在何種形式的歧視觀念。起初，我將注意力集中在網路四處可見的，近乎謾罵的言語。不過，隨著調查作業的進行，我才知道原來侮辱性字眼的範圍遠比想像來得廣，表達詞彙也可以極度隱晦。偶爾，甚至連說出口的人本身都沒有意識。

在以實際參與現場活動的社運人士與研究人員為對象蒐集侮辱性字眼的過程中，有兩句話吸引了我的目光。

「完全變成韓國人了。」

「請懷抱希望。」

這些被說是最具代表性的侮辱性詞句，前者是針對新住民，後者則是對身心障礙人士。我感到不知所措，因為這兩句乍看之下其實滿像是稱讚或鼓勵的話。就說話者的立場而言，可能也真的是出於稱讚與鼓勵的意圖。假如告訴說出這些話的當事者「這些詞彙可能對聽者來說是種侮辱」，他們會有什麼反應？如果他們以「我不是那個意思」反駁，又是否不再是個問題呢？既然只有受侮辱的人卻沒人做出侮辱行為，那麼受侮辱的一方是否就該忍氣吞聲或轉念呢？

這不是單純地不再提及某些詞彙就能被解決的問題。倘若不瞭解為什麼這些話語會變成侮辱，也僅是改用其他類似的話表達，或是不使用言語而改以視線與行動展現。幸好，辨別這些詞彙為什麼成為「侮辱」的方法並不難。只要問問當事者就好，問問這些話聽在他們耳裡是什麼意思。

新住民表示，聽到「完全變成韓國人了」這句話時，會因為認為這是基於「不管在這裡生活多久，我們也不認為你是韓國人」的前提，而變成一種侮辱。此外，也歸咎出另一個原因是，他們或許不見得想要「變成」韓國人，為什麼非得要求他們接受「變成韓國人」是種稱讚。無論是不認為他們是韓國人，或是以韓國人為中心去思考，兩者都不是令人聽來愉悅的話。

至於對身心障礙人士說出「懷抱希望」，同樣也是因為前提而被視作一種侮辱。他們表示「懷抱希望」的前提，是基於對目前的人生沒有希望。更根本的原因則是認為身心障礙人士的人生理所當然沒有希望一事；對他們來說之所以是侮辱，正是源於以自己的標準衡量他人人生價值的想法。縱使身心障礙人士因社會條件而存在生活上的困難，對著他們說「懷抱希望」也很奇怪。因為身心障礙人士的問題層次不在於該不該懷抱希望，而是社會應該做出改變。

將我周遭的言語與想法一個個抽絲剝繭的作業，感覺彷彿是在重新學習這個世界。而我只是活在自己沒有歧視他人的錯覺與神話裡罷了。直到連無意識都細細端詳後，似乎才可能稍微懂得真正平等地對待與尊重他人，意即發現了我不想承認的、羞恥的自己。

一直以來，似乎都活在世上的多數人皆與自己相同的錯覺與神話裡。看看那些以言行貶低與侮辱女性、身心障礙人士、性少數群體、新住民，卻又主張自己沒有歧視的人。有些人對著性少數群體邊揮拳咆哮「因為愛，所以反對」，同時堅信這樣做才是愛的表現與正義。無論怎麼說明「這種行為不僅是在否定另一群同為公民的存在，更是人格侮辱與暴力」，他們依然充耳不聞。

究竟該如何處理這兩條完全不見盡頭的平行線呢？即便有人為了解決諸如此類的問題，而要求必須在公民社會制定反歧視法，然而政府與國會目前仍以「必須達成社會共識」為由，維持撒手不管的狀態。兩者之間的距離，不會單憑時光流逝自然縮小；要求少數群體沉默的方式，不會終結這些情況。既然結論是違反正義，當事人們當然不可能就此默默承受。只是，如果少數群體不停發聲，卻沒人願意聽的話，僵局也只會無止境延伸。那麼，我們到底能達成什麼「共識」呢？

本書即是始於如此既個人又社會的煩惱。其中還有希望的是，多數人都不想做出歧視的言行，只是看不見歧視的時候太多罷了。因此，到處都能遇見相信自己是善良公民，並且不會做出歧視的「善良的歧視主義者」。包括我在內的許多人，皆遵循著這項無法認知歧視的奇特現象而行。幸好，迄今已經有不少研究人員與學者持續提出豐富的研究與論點。追隨他們的研究成果，並將其投射至近來發生於韓國的事件後，開始與自己的想法做出連結。

第1章，我思考著究竟該如何形塑看不見歧視的「善良的歧視主義者」。在第1節裡，透過回顧你我日常習慣的特權，探討因為「自己的位置」而變得看不見不平等的錯視現象；在第2節裡，則是檢視人們有時會因依附由流動且互相交錯的界線所劃分的群體，導致彼此歧視與被歧視的現象；在第3節裡，闡釋的是置身被結構性歧視圍繞的社會中，連受歧視者都自認該迎合其秩序，並身體力行地配合維持不平等的諷刺現象。

第2章，檢視歧視究竟該如何消除，又是如何偽裝成「正當歧視」的。以黑人裝扮爭議的第4節破題後，探討關於貶低某個人的幽默或玩笑的效果；在第5節裡，則是同時討論對約聘人員的歧視，以及主張「某些歧視是公平」的功績主義的解體；在第6節裡，藉由公共設施拒絕與隔離外國人的案例，觀察正當化排斥與隔離某些群體的現象；在第7節裡，透過社會大眾對少數群體的態度，因首爾酷兒文化節而變得明朗，提出「公共空間究竟屬於誰？」的問題。

第3章，以前面提及的內容為基礎，討論我們該用什麼態度面對歧視。在第8節裡，探討的是既存社會秩序如何受努力打破歧視的挑戰威脅，因而感到緊張。即便人們都相信世界已經足夠正義，但平等始終要透過抵抗不當法律與體制的人們才得以獲得進步。以「性別友善廁所」爭議開頭的第9節，藉包含所有人在內的普遍性與多樣性探求過程，談論何謂平等。最後收錄實現平等的解決方法之一，也就是關於「反歧視法」的爭議意義。

本書以探討與女性、身心障礙人士、性少數群體、新住民相關的事件與爭議為主。然而，正如本書所言，年紀、學歷、職業、出身地方、經濟水準、家庭狀況、健康狀態等無數原因，都可能將任何人擺在少數群體的位置。無法完整處理這些內容的理由，除了篇幅有限，更該歸咎於我對此瞭解的尚嫌不足。至今依然有許多肉眼看不見的歧視，且這本書的內容想必也會讓日後的我羞愧得滿臉通紅。

本書包含許多關於美國的歷史與研究。這點同樣是源於身為研究人員的作者，受限於可觸及的資料範圍。儘管在不少國家都存在為了實現平等而做出重要抗爭與變化的過程，卻很遺憾地無法完整收錄。本書引用的美國實例，與其說是模範案例，更傾向於作為比較資料來幫助瞭解韓國狀況的一種觀點，希望各位能理解。

縱使到了完成一本關於「歧視」的書的這一刻，我仍然無法斷言自己有多瞭解歧視。儘管如此，在不斷醒悟自己置身什麼樣的世界，與透過自省以尋求平等的過程，與其妄信自己沒有歧視，我倒是更明確地知道自己已從中獲得更有價值的東西。在此感謝三年前在討論會遇見的那位與會者，提出了開啟我往後繼續這趟漫長旅程的問題，也希望這本書能為各位讀者們留下同樣的問題。

善良的歧視主義者

目錄

선량한 차별주의자

第 1 章

善良的
歧視主義者之誕生

第1節——

改變自己站的位置，景色也會變得不同

■逆向歧視

2013年7月，一名曾高呼自己是「社會弱勢」的男子，跳入漢江後死亡。他在生前曾經激烈批判女性「不懂得付錢，只懂得白吃白喝」[1]。他認為，僅是任意享受優待的女性，從未履行義務與責任。因而將女性家庭部（韓國國家行政機關之一）、女性配額制、女性專用設施等專為女性而設的制度，視為不合理的男性歧視[2]。

自認是男性人權運動家的他，同時也是主張男性與女性必須徹底執行「AA制」（活動的參與者事先約定平均分攤費用）的性別平等主義者。他用數年時間要求廢止女性家庭部的原因是：「為了建立不排斥男性的兩性平等」。對於被貼上「女性嫌惡主義者」的汙名化標籤而感到委屈的他反駁道：

「如果我嫌惡女性的話，有可能如此鉅細靡遺地批判嗎？當然不可能。我是真心地愛與尊重女性。」[3]

他真的是在追求男女平等嗎？

2016年5月，有名男性在江南站附近的商店廁所邊揮舞著刀，一邊高喊自己「被女人無視」，結果導致一名女性死在他的刀下。因為這件事，男性與女性的對立變得更加鮮明。當女性們疾呼以性犯罪為首，到因女性嫌惡受害的相關事件時，男性們則為了自己被視作潛在罪犯而委曲地喊冤。一方要求廢止對女性的歧視與暴力，另一方則持續主張專為女性擬訂的政策是對男性的逆向歧視。

很諷刺的是，看似立場相反的雙方，談論的卻同是「歧視」。雙方不僅都是為了平等的價值批判現實，且認為韓國社會存在性別歧視的想法也相同。只是，關於究竟是哪一方置身不利情況的判斷不同。傳統上，對於性別歧視的受害者是女性，以及將女性的人權伸張視為一個國家重要的國政議題，基本上也不會有任何抗拒的情緒。然而，這個局面與過去不一樣。現在受歧視的反而是男性。那麼，女性受到歧視的時代真的因此結束了嗎？

在其他地方也能發現類似的歧視爭議。讓我們試著想想新住民。韓國社會自1990年起的移工，到2000年起的結婚移民皆出現急遽增加。隨著多元語言與文化的顯露，便開始有了「必須尊重多樣性」的多文化主義爭議。為了積極順應這項潮流，新世界黨更於2012年讓菲律賓出身的結婚移民李茉莉（Jasmine Bacurnay Lee）當選比例代表委員。然而，「反多文化現象」幾乎在同個時間點出現。有群人主張移工是搶走韓國人工作機會的人，而結婚移民是為了錢才結婚，因此將這些外籍人士視為讓韓國人受害的群體。並且抗議援助新住民的政策，表示這是對本國民的不當逆向歧視。

隨著性少數群體漸浮出水面，自然也發生了類似情況。基於傳統家庭觀念的批判聲浪，打從一開始便出現了「老婆是男人？胡說八道！」的意見。2007年，保守的基督教團體以嘗試制定反歧視法為契機，反對運動也愈來愈激烈，並提出「保障性少數群體的權利，將毀滅先祖用血汗打拚的江山，以及讓基督教徒受害」之類的主張；不斷吶喊著自己正因「同性戀獨裁專擅」而遭受迫害，即保障少數的性少數群體，是對多數的非性少數群體的逆向歧視。

■沒有歧視？

因為少數群體導致多數群體被歧視的「歧視多數論」，可能嗎？歧視多數論，是始於「少數不被歧視」的前提。這樣的主張認為，即使過去有過歧視，現在也已被解決。因此，協助少數群體的政策僅是特別禮遇，相對來說便形成對多數群體的不當歧視。看完以1910年代女性參政權運動為題材的電影《女權之聲：無懼年代》（2015），有位學生做出如下反應：「當時的女性是真的沒有權利，所以確實值得那麼激烈地抗爭。可是，近代的女性們既能投票，也不像以前那樣被歧視了吧？」

女性擔任高職的各種案例，是支持韓國社會（再也）沒有性別歧視的後盾。「女性成為大統領（總統）」、「國家考試及格者的女性比例很高」等，都是一再被言及的範例[4]。提出諸如此類的範例時，卻沒有看見自政府成立以來的七十年間，僅出現過一位女性總統，且身上還背負著其曾任總統父親光環的事實，以及在職等五級以上的國家公務員中，女性人數的比例佔不到20％，高階公務員也不過佔了5・2％的部分。（以行政部，2017年的資料為基準）[5]

無論客觀指標多麼明確，依然會產生否定歧視的心態。雖是令人摸不著頭緒的現象，但若循著個人的視角看待，確實也不難理解。女性擁有總統或高階公務員等權力者地位，或是出現在向來以男性居多的職業領域時，很容易就會成為焦點。看在人們的眼中，這些女性變得格外醒目，因此才會感覺數量很多。當有些人開始拿這些女性與自己的處境做比較時，可能就會感受相對剝奪感。女性「平均」處在不利情況一事，過於抽象且難以觸及，然而如果見到某些女性較自己擁有更佳條件，便會瞬間成為具體的感覺。

可以藉由實驗觀察「即使女性是少數群體，但看起來沒有被歧視」如此奇特的現象。在美國的一篇研究中，向男性與女性的受測者提出關於公司新制雇用政策的問題。以目前公司的女性員工比例是2％為基礎，接著將未來雇用女性員工的比例設定為50％、10％、2％三種選擇。假設受測者本人任職於該公司，分析其針對各選項的好感程度。實驗結果顯示，女性受測者認為50％較為公平，而男性受測者則認為2％較為公平。另一方面，男性與女性受測者同樣認為10％是公平的選項[6]。

就平等的觀點而言，最理想也是最首要的條件應是男女比例均等。然而，參與實驗的男性與女性卻同樣以10％視作象徵樣板（token）。所謂的樣板主義（tokenism），指的是以在長久以來被排斥的群體成員裡，執行僅有少數能接受的「名目上的矯正歧視政策」[7]。即使樣板主義只能讓群體的極少數接受，其效果卻已足夠壓制對於歧視的怒火[8]。原因在於，這麼做看起來就像是給予了只要努力、有能力，每個人都有機會勝任的期待。結果導致就算現實世界與理想的平等仍相距甚遠，人們卻錯覺已經達到平等。

韓國的性別歧視又是如何？讓我們檢視一下能呈現性別歧視的指標之一「薪資差距」。根據勞動部發表的資料，女性薪資僅是男性薪資的64．7％（以2017年為基準）[9]這項統計客觀顯示女性在經濟上處於相當不利的境況。然而，就統計資料來說，即使女性的平均所得較少，男性在交往時也不一定比女性佔經濟優勢。既然這不是所有男性都較女性佔經濟優勢的「完美的」不平等社會，男性自然有可能與所得高於自己的女性交往。

透過社會上諸如此類的不平等與個人的日常經驗，不難發現世界存在不一致的間距。

ＡＡ制的爭議，便是源於這個間距。當不是所有男性的經濟能力都優於女性，卻得背負「理所當然」的期待，而必須負擔約會費用時，對個別男性而言自然會形成壓力。既然如此，假如身邊有比男性賺更多錢的女性，是不是就可以視為對女性沒有歧視呢？客觀指標說社會環境依然對女性不利，那麼男性從性別平等政策感到的不合理又是什麼？

關於新住民或性少數群體的逆向歧視主張，同樣是成立於對新住民或性少數群體「沒有歧視」或「就算有，也不是不合理的歧視」的前提之下。若基於保障少數群體的政策是歧視多數群體的前提，站在多數群體的立場，難免會感覺委屈；若多數群體沒有歧視，但少數群體自稱被歧視並要求改正政策時，也會認為不合理、不當。如同女性高呼需要安全時，男性全數被視作罪犯的感覺一樣，同樣會因為自己被視作歧視主義者而感到不舒服。唯有認為自己所屬的集團裡沒有做出歧視言行的人，且置身少數群體沒有被歧視的社會時才能感到安心。

基本上，人們都是傾向平等與反對歧視的。就「觀念」上來說確實如此。歧視多數論的成立，終究也是源於認為「歧視是不對」的基本前提。至少，人們是可以接受「平等」

這項原則在道德上的正確、正義。對多數善良公民而言，做出歧視言行或是以任何方式參與歧視，皆是在道德上不被允許的。「沒有歧視」的想法，或許正是迫切地希望自己不要是個做出歧視言行的人。然而，很可惜的是，愈是如此渴望的人，反而矛盾地做出歧視言行的可能性愈高。

■看似平凡的特權

有句話說：「持續的善意，只會被當成權利。」這是出自韓國電影《不當交易》（2010）的經典台詞。在電影中，這句話用來嘲諷貪腐的檢察官。電影中的檢察官朱陽（柳承範飾）在某次必須看警察臉色做事的情況下說：「持續的善意，被當成了權利。如果老是得配合對方的心情，我們根本做不了事。」簡單來說，正是在表達打算不再體諒對方，決定隨自己想法行動的意志。我對你好，那僅是我的善意，而不是你的權利；隨著關係的建立，往往也讓無禮變得正當化。

在日常生活中，這句話經常用來形容不合理的要求。舉例來說，某人每年透過金錢與物資援助身心障礙福利機構。起初對援助無盡感激的福利機構，其道謝的態度卻變得一年比一年敷衍。經過幾年後，由於該機構似乎不再對此報以感激，某人也因此停止援助。後來，忽然在某天收到來自該機構的電話詢問「為什麼不再提供援助？」時，心情頓時因為這句話變得很差。持續付出的善意，似乎被當成了權利。於是，某人決定從此不再給予任何援助。

即使將這項議題擴大至國家層級，也會出現類似情況。原本對國家編列預算給身心障礙人士沒什麼特別情緒，但當身心障礙人士將此視作理所當然的權利發聲要求預算時，心情便覺得很糟。身心障礙人士為了使用大眾運輸工具，發起示威遊行要求增加預算時，路過的人說出了「你們應該感謝國家才對」的忠告。倘若無心再對不懂感激的人付出，示威遊行的方式便會被視為問題。雖然我能付出善意，但你並沒有要求的權利。

這句關於善意與權利的所謂「名言」，清楚地呈現不平等的權力關係。有能力付出某些資源的人，想要的是把這一切看作「善意」。原因在於，這是不僅不會動搖自己佔優勢的權力關係，同時還是可以讓自己成為好人的方法。這種具善意（施惠）性質的慈善團體或政策，不單是善良的行為，而是根據我如何看待你來決定給予與否，百分百將主導權握在我手上的某種權力行為。一旦你將此視為權利而對我要求時，在我的權力裡甚至還包含了對你「越線」行為的批評。

人與人之間，存在權力關係。在社會上，也會因為所在位置的差異，而擁有不同的特權。由於擁有財富或政治權力的人相對容易顯露特權，當提及「特權」這個詞彙時，經常就會將理解範圍縮窄套用至部分財閥或上位者的權力。然而，特權並不只是某些人才享有的東西。所謂「特權（privilege）」，指的是被賦予的社會條件有利於自身，而得以享用一切優惠待遇。

隨著進行關於不平等與歧視的研究，學者們開始發現一般人擁有的特權。被稱為「發現」是有原因的。因為一般來說「享受特權」大多不是透過有意識地努力獲得，而是本身已經擁有的條件，所以在多數情況中並不會被察覺。換言之，由於特權是「擁有者的餘裕」，因此擁有者根本是處在連自己「擁有的事實」都意識不到的自然、舒適狀態。

讓我們舉一個例子來看看。大部分的人都至少有過一次搭客運的經驗。搭飛機時，而且不是搭商務艙的情況下，人們普遍不會將搭乘大眾運輸工具一事視為特權；幾乎不會有人意識坐在客運座位的自己，是正在享受特權——直到輪椅使用者要求搭乘客運。由於客運沒有準備能夠擺放輪椅的裝置，輪椅使用者就算買了車票，也搭不了車。他人無法擁有，而我卻擁有的某樣東西，如同這裡所指的客運使用機會，便是「特權」。

唯有在意識自己能毫無任何不自在的架構或制度，對他人來說竟是種阻礙的當下，我們才會發現自己享受的特權。可以結婚的人，從不認為這是種特權——直到不可以結婚的同性夫妻出現；生而擁有韓國國籍的人，從不認為在韓國生活是種特權——直到必須取得資格才能在韓國生活的外國人出現。然而，很遺憾的是，這種讓人「發現」的機會並不常出現。有時即使出現了，也無從察覺自己的特權。

美國衛斯理學院的佩姬．麥可因塔許（Peggy McIntosh）教授，在一同參加女性主義學術研討會的同事男教授身上發現了奇特的行為。對女性議題關心到願意參加女性主義研討會的同事，實際上卻表示難於接受將女性議題加入教學內容，因而拒絕該提案。看著性格確實善良的男教授們無法認知自己擁有特權的現象，麥可因塔許才想到自己一定也存在沒有意識到的特權。

麥可因塔許蒐集了身為白人的自己所享受的日常特權，並發表收錄46個例子的文章〈白人特權（White Privilege）〉[10]。以下為各位介紹部分內容：

- 我不需要為了子女的安全，具體地教導他們意識種族主義。
- 我可以在嘴裡塞滿東西時講話，而不會因此被他人嘲笑我的膚色。
- 不會被要求代表自己所屬的種族群體發聲。
- 當我要求見負責人時，幾乎都會出現與我相同種族的人。
- 現實生活中，我不需要在意會因自己的外表、行為、氣味而被評論我的種族。
- 我不需要在自己期望工作的領域詢問是否能接受、允許與我相同種族的人，因而能考慮許多不同的選項。
- 當身為領導人的我信用低時，其原因不會是種族。

幸虧有了麥可因塔許寫下如此詳細的例子，才讓許多白人們得以回頭檢視自己的特權。不少人開始一一列出其他不同種類的特權，如：男性特權、階級特權、文化特權、國籍特權、異性戀特權、非身心障礙人士特權、語言特權等各種特權。舉例來說，在男性特權的清單中，便包含了以下內容[11]。

- 當升遷經常失敗時，其原因不會是性別。
- 我不需要害怕夜晚獨自走在公共場所。
- 當我要求見負責人時，幾乎都會出現與我相同性別的人；在組織中位居愈高位者，愈是如此。
- 當我表示自己開車不小心失誤時，不會被歸咎於性別。
- 當我表示自己與多人發生過性關係時，不會因此成為批評或嘲諷的對象。
- 即使我的外貌不具備典型的魅力，也不是什麼大問題，大可忽視。

一般來說，人很難意識諸如此類的特權。原因在於，在生而為白人或擁有男性身體的期間，這一切都是無關自己的意圖或努力，即能擁有的日常、自然、理所當然、正常的條件與經歷。當沒有置身在對自己不利的環境時，自然就沒有深刻思考的理由，也不會體驗憤怒、恐懼、慌張、焦慮等情緒。如果說有什麼是代表擁有特權的信號，大概是不需要太大的努力就能獲得信任、即使表現自己原有樣貌也能感到安全、發生問題時自然產生能順利解決的感覺。換句話說，即是不用創造適合自己的環境，或不停意識周圍目光，隨時處在舒適的狀態。

意識特權的明確契機，正是體驗該特權開始動搖的時候。當置身不再是主流的情況，因不同於以往而感到不適時，才會發現自己一直以來享受的特權。如果原本以韓國人的身分在韓國過著主流的生活，後曾經歷以異鄉人的身分到了國外而感到不安、恐懼的話，想必就能輕易理解這種感受。然而，像是性別這種很難易位體驗的條件，便有可能終其一生都無法察覺自己的特權。

不過，即使本人的位置不變，也能因為社會的變化而感知特權。或許，AA制爭議就是這種社會變化的跡象之一。當所有人都處於平等狀態時，自然沒有理由由單一群體承受經濟上的負擔。只是，長期存在男女之間的經濟不平等，自然也導致了經濟負擔的不均衡分配。假如男女從一開始便平等，就不會發生女性在經濟上依賴男性，或是男性產生經濟負擔過重的感覺。

既然如此，大可將此刻男性感覺不當的情緒，視作醒悟了一直以來都存在卻未曾意識的特權。在既存的不平等關係中，本來被當作值得嘉許的某種習慣，其合理性開始遭到懷疑。透過「必須負擔費用」的壓力，男性才醒悟自己在傳統上佔經濟優勢的事實。隨著原本不平等的關係開始動搖並產生裂痕，才終於體會到過去所不知道的寶貴發現。

有些人依然對「特權」一詞感到不自在。偶爾也會拋出「生為韓國人／男性都過得這麼辛苦了，究竟擁有什麼特權？」的問題。如同「不平等」一詞，特權亦為一種相對的概念。與其他群體比較時，相對自然與舒適、有利的秩序，絕非意味著生活就能過得輕鬆、簡單。

試著用「魚」來比喻。順流游水的魚，往往比橫越水流或逆流而上的魚來得舒適[12]。然而，卻也不能說順流游水的魚就是百分百的輕鬆。無論生活是什麼模樣，始終都會讓你我難熬。再加上，當被賦予的機會愈多、登上的位置愈高，背負的責任自然也就愈重。

因此，很難為「誰的生活比較辛苦？」的爭議下結論；而「所有人都一樣辛苦」這句話也不正確。相較於此，更應該去看的是各自不同的辛苦。由於不平等的結構，導致機會與權利被分配得不同，才會造成不同的辛苦。關鍵是結構上的不平等導致彼此經歷不同的生活，所以當對話變成「我很辛苦，你很輕鬆」時，自然很難找出解決方法。彼此應該討論的是「是什麼樣的不平等讓你和我必須經歷不同的辛苦？」這項共同主題。

只要有了平等，所有人的生活就能變得輕鬆嗎？不要顧著埋首找答案，先思考一下這個問題究竟正不正確。當我們要求權利與機會時，期待的結果並非舒適的生活。把我們關進某種設施，然後給什麼吃什麼，終生僅過著吃飽睡、睡飽吃也不需要做任何勞動地度過一生，完全不像個「人」。這種生活連對動物來說，都是一種虐待。處在不平等位置的人要求平等的權利與機會一事，代表的是自己也願意與他人承擔相同的風險，咬牙闖出屬於自己的人生。

傾斜的公平

乍聽之下或許有些奇怪，但人們其實不會想欣然地擺脫自己早已習慣的不平等狀態。在巴林頓・摩爾（Barrington Moore）的著作《不公平：服從與反抗的社會基礎（*Injustice: The Social Bases of Obedience and Revolt*）》中，提及「即使人們處在痛苦與受壓迫的狀態，也無法意識不公平」[13]。當人們意識不公平的剎那，即是使熟悉且自然的既存狀態變得對自己不利的時候[14]。萬一是相對擁有特權，且對現有體制感到舒適的人，不只是單純地不樂意追求公正的進步，而是認為這麼做「不正確」。

當面對關於「美國的種族歧視比過去改善多少」的問卷調查時，總是會出現白人回答「改善很多」，而黑人回答「沒什麼改善」的傾向[15]。丹尼爾・康納曼（Daniel Kahneman）與阿莫斯・特莫斯基（Amos Tversky）透過２００２年獲頒諾貝爾經濟學獎的「展望理論（Prospect Theory）」，解釋了當人們面對損失與利益的可能性間，往往會因「損失規避（loss aversion bias）」而對損失的可能性做出更敏感的反應[16]。正如這項理論所反映的，當談論到美國社會的種族歧視改善程度，站在失去特權的白人立場，確實較黑人來得更有切身的感覺。

對既存擁有特權的人而言，社會變得平等會出現自身有所損失的感覺。最重要的是，假如將平等認知為零和賽局（zero-sum game），更是會將對方的利益視作自身的損失[17]。在圍繞性別平等的爭議中，亦能感知類似的緊張感。根據女性家庭部的〈２０１６年兩性平等實際狀況調查分析研究〉[18]，文中提及社會大眾雖認為現今韓國社會對女性不平等，但對未來抱有將逐步減少不平等的展望；然而，卻也同時預測未來將成為對男性更不公平的社會[19]。如果將平等視為一種總量固定的權利競爭，那麼某些人的平等，便會使自己感覺不平等。其實，當對方的處境變得平等時，自己的處境也會連帶變得平等，才是比較合邏輯的推論。

換句話說，大部分的人原則上都同意平等，並且反對歧視。至少，幾乎沒有人會大刺刺地反對憲法明確規範的平等與反歧視規定。相對擁有特權的群體除了較少意識到歧視之外，也對實現平等的措施存在反對的理由與動機。同時，卻又難於承認自己做出歧視的事實，最終便呈現出矛盾的態度。就像我們經常能看到當有人為了民主主義與人權對抗國家權力時，那些既無法認知身為主流的自己擁有的特權，又展現出歧視態度的「進步的」政治人物。

問題在於，這一切的作用基本上皆是自然發生的。假如在不認為世界是傾斜的情況下追求平等，很容易會因此出現不平等的解決方法。恰如站在傾斜的地面，以雙手舉起平衡棒時，也會呈現同樣傾斜的狀態。我曾在課堂上與學生討論身心障礙人士搭乘客運的議題，並聊到了在非身心障礙人士搭乘無數次客運的同時，卻從未察覺身心障礙人士無法搭乘該交通工具的事實。然而，有名學生在討論過後，在用作釐清個人想法的筆記上寫道：

「如果身心障礙人士要搭車的話，勢必得花更多時間，那麼是否應該多付錢呢？」

怎麼會出現這種想法呢？這名學生正站在傾斜的世界上，談論著公平。假如站在以非身心障礙人士為中心所設計的秩序裡，無法走上公車的樓梯一事，是身心障礙人士的缺陷，也是會對其他人造成負擔的行為。因此，才會得出「身心障礙人士必須比非身心障礙人士付更多錢」的結論。這名學生從一開始便以對非身心障礙人士有利的速度與效率作為標準，即是無法認知傾斜的公正性。

政治人物或公職人員的失言也是如此。就引起社會公憤的例子而言，不乏見到以「我無意批評」、「這些話是出於好意」等理由辯解。前慶尚北道教育局長李英雨曾在一場教師研習中，發表「女教師是最好的新娘人選」、「處女教師更有價值」的言論[20]。這不僅沒將女性教師視為一般同事看待，而且還是只把女性教師當作「新娘人選」，甚至是將其形容為標價的商品，無疑是帶有侮辱性的發言。確實很難想像理應細膩察覺選民心思的民選教育局長，竟會有意貶低女性教師。根據教育局的解釋，表示「這是基於讚賞的意圖」。問題在於，站在傾斜世界的他，根本沒有意識到自己熟悉的思考模式，可能成為侮辱對方的方式。

許多人都在不知不覺間追求傾斜的公平。在網路留言與青瓦台國民請願的留言板上，可見不少主張「外國人會做出可怕的犯罪行為，因此要求將他們趕出韓國」，卻同時辯稱自己不是歧視主義者的人。捍衛憲法上的平等與反歧視原則的政治人物們，卻反對同等保障性少數群體權利的政策與立法。對此，有人表示前言不對後語，也有人表示贊同。在一些人眼中，世界對少數群體傾向不利；在另一些人眼中，世界看起來是公平的。這就是在前者的觀點裡，追求平等的意圖，會在後者的眼裡看作是逆向歧視的原因。

在崔圭碩的網路漫畫《錐子》裡，曾藉這些話譏諷因地位與情況而變身成不同模樣的我們。

「你們少誇口自己以後也不會這樣。」

「改變站的位置，景色也會變得不同。」

我究竟是站在什麼地方看著什麼樣的景色呢？我所站的土地，究竟是傾斜或平坦呢？若是傾斜，那我又是在什麼位置呢？如果想看見景色的全貌，則必須從這個世界向外踏出一步。假使做不到，也該為了瞭解這個世界到底是如何傾斜，嘗試挺身與站在不同位置的人對話。韓國社會真的平等嗎？我至今始終不認為韓國社會已經到達理想國度的程度。此刻的我們不該否定歧視，而是該去發現更多歧視。

第2節 我們不會只站在同個地方

■弱者與弱者聯手失敗

2018年，500多名葉門難民因躲避內戰入境濟州島。針對是否收容這批難民的問題，社會開始展開激辯。在媒體於2018年7月4日進行一項關於「濟州島收容葉門難民」的調查中，顯示男性受訪者有46．6%反對收容，48．0%贊成收容。雖然相距不大，但贊成的比例略高。然而，女性的立場卻大有不同。在女性受訪者中，有60．1%表示反對收容，僅有27．0%贊成收容[1]，壓倒性地反對。

這是相當奇怪的事。根據研究顯示，處在弱者地位的人，基本上都會對其他弱者產生同理心。由於弱者會將其他弱者遭受的不利投射在自身經歷，而加倍理解其處境，因此會較其他主流群體持更寬容的態度[2]。就像佩姬．麥可因塔許因為曾有生為女性而遭受不利的經驗，才開始省察生為白人的自己所享受的特權，並將其製成白人特權的清單一樣（參照第1節）。既然如此，為什麼韓國女性會對為了躲避戰禍而逃往濟州島的難民抱持排斥而非寬容的態度呢？其比例甚至明顯高於較女性更是主流群體的男性。

人們反對收容葉門難民的主要原因之一是：「可能會發生針對女性的性犯罪」。關於這項恐懼，不少女性都深表同意。因此看待入境濟州島的葉門人的切入視角，則是「男性」，而非「難民」。此外，這裡還多了個形容詞——信奉伊斯蘭教的穆斯林男性。許多女性對於「穆斯林」一詞，都會聯想到存在性別歧視與暴力行為的男性，以及使用將自己視為潛在受害女性的角度看待這個情況。站在這個角度時，女性依然是被害者與弱者。因此，反對收容難民的女性們實際是為了保護自己而提出正當要求。

弱者與弱者聯手的狀況並沒有發生。韓國女性主張自己才是較弱者。身為穆斯林男性的難民，真的擁有生為男性的權力嗎？讓我們想一想在第1節提到的男性特權。以難民身分前來韓國的他們，與前文提及的男性特權存在差距。究竟他們在韓國社會是不是也擁有「不需要太大的努力就能獲得信任、即使表現自己原有樣貌也能感到安全、發生問題時能順利解決」的感覺呢?就算難民的身分被承認了,他們是否也能享受這些特權?韓國女性將他們視作與韓國男性擁有相同,甚至更高地位的想法,又是否妥當?

「國民優先」,這句口號出現在反對收容難民的示威遊行中,讓情況變得更鮮明。關於難民的爭議核心,在於韓國是否能收容難民。此時的權力關係,落在有權決定要不要收容難民的人,以及必須接受這項決定的人之間。國民擁有在韓國這塊土地生活的既得權,與對政府的難民政策行使影響力的權力;相反的,外國人則不具這些權限。國民們的反對撼動了政府,因此自2018年6月1日起,葉門人便不能再以免簽入境韓國。

韓國女性不是以少數群體的女性身分,而是以主流群體的國民身分行使了權利。有別於女性身分不能擁有的,卻也在轉以韓國人的身分時相對擁有了「不需要太大的努力就能獲得信任、即使表現自己原有樣貌也能感到安全、發生問題時能順利解決」的感覺。儘管平常看不見,但「國民」的身分同樣享有特權;相反的,濟州島的葉門人們卻得承受無止境的懷疑眼光。除了像是成為性犯罪者的汙名,還得背負「假難民」的疑惑。

女性竟然成為主流群體?聽起來真奇怪。不過,這件事確實發生了。因為除了以性別區分位置外，人也是同時擁有無數且多樣地位的複合體。如同前文提及：「改變站的位置，景色也會變得不同」。然而，我們不會只站在同個地方。

理解複雜世界的單純方式

人類類別（Homo categoricus），指稱人類具有分類的傾向[3]。人對無論是人、動物、事物，都有分門別類的習慣。試著想一想小時候喜歡玩的測驗題。藉由「蘋果和草莓的共通點？」（答案：水果）「香瓜是蔬菜，還是水果？」（這個問題的答案向來有些模糊）等思考相同與相異的過程進行分類後，再以分類的結果理解這個世界。戈登・奧爾波特（Gordon Allport）在其著作《偏見的本質（*The Nature of Prejudice*）》提到「人類的心，必須靠分類的幫助才能思考……如此一來，有秩序的生活才變得可能。」[4]

仔細想想「人」。地球上有77億人口，光是韓國都有約5000萬個人。借助分類，確實比較容易理解多得數不清的人。究竟該怎麼分類呢？儘管存在無數的分類方法，但讓我們首先想想性別、年齡、職業、宗教、性取向、出生國家等。根據瑪札琳・貝納基

（Mahzarin Banaji）與安東尼・格林華德（Anthony Greenwald）在著作《好人怎麼會幹壞事？我們不願面對的隱性偏見（*Blindspot: Hidden Biases of Good People*）》中的說明方式，以六種標準製成表1的分類。（由於篇幅有限，無法盡錄，因此僅隨機挑了部分內容。如果此分類沒有囊括到本人的類別，敬請見諒。）[5]

按照上述六種層面將人分類。舉例來說，正在閱讀這段文字的你，可能是女性—青年—公務員—天主教徒—異性戀者—韓國人。（猜中的話，千萬不要太驚訝！）同理，也可能是其他組合；或者想像成跨性別男性—中年—教師—穆斯林—雙性戀者—美

表 1・ 類別製造機

性別	年齡	職業	宗教	性取向	出生國家
女性	青少年	家管	佛教	異性戀者	韓國
男性	青年	公務員	天主教	同性戀者	美國
跨性別男性	中年	農業勞動者	基督新教	雙性戀者	日本
跨性別女性	老年	教師	穆斯林	無性戀者	葉門

註）此表改編自瑪札琳・貝納基與安東尼・格林華德的《好人怎麼會幹壞事？我們不願面對的隱性偏見（*Blindspot: Hidden Biases of Good People*）》，2013，繁體中文版由橡實文化出版。

國人。依循這種方式，可以透過表1的分類重新排列組合成4096個種類。無論是增加分類標準或於分類標準內再增加其他類別（例如列出超過100個職業），將能創造更多種類。（雖然可以分門別類，但人類依然複雜而多樣！）

連這麼簡單的表格都很難一次聯想到所有可能的組合。聯想一種層面的分類固然簡單，但實在很難想像要排列組合各種層面進而聯想出4000多種組合。於是，人們傾向使用自己熟悉的組合，即典型的性別、年齡、人種、民族、職業等。貝納基與格林華德做出「人存在基本的默認（default）屬性」的解釋[6]。舉例來說，當提及「美國人」時，自然會聯想到白人－男性－成人。那麼提及「韓國人」時，又會聯想到什麼呢？會不會是男性－中年－上班族之類的形象呢？對於「葉門人」又存在什麼樣的默認屬性呢？

同時，人擁有一套找出獨特特徵以便分類的流程。舉例來說，前往某個國家旅行時，我們經常會先打聽該國的「國民性格」。為了不在陌生地方遇見人時顯得慌張或犯錯，往往會將這件事視作必須先打聽好的情報。不知是否基於這項宗旨，某位旅遊部落客針對韓國人的性格整理出幾項特徵[7]：

「韓國人很情緒化。」

「韓國人沒有耐性。」

「韓國人很害羞。」

「韓國人很執著於外貌。」

你同意嗎？如果正在讀這段文字的你是韓國人，這些特徵與本人的符合程度有多少？１９９０年代，「貪錢」是出現在外國電影中的韓國人形象。在電影《城市英雄（Falling Down）》（１９９３）中，有名客人不買東西就不讓人換零錢的韓籍商店老闆；出現在盧貝松（Luc Besson）的《終極殺陣（Taxi）》（１９９８）的兩名韓國人，則是為了賺錢而輪流開車和睡在後車廂。以這些方式描寫韓國人，究竟是單純地呈現特徵，抑或是某種種族歧視呢？

這種使用單一化情報的方式，稱為「刻板印象（stereotype）」或成見。「刻板印象」一詞，於１７００年代首次用來指稱可以一次印出報紙全版篇幅的金屬印刷版。１９２２年，隨著美國的媒體工作者沃爾特．李普曼（Walter Lippmann）在其著作《輿論學（*Public Opinion*）》使用這個用語後，才開始有了現在的涵義。李普曼認為，「人會以烙印在腦海中的圖像，描繪自己未曾經歷的世界」。親身體驗過的世界，其實很狹隘。只是，刻板印象能給人有效率地理解某些東西的感覺，而人們便是透過這樣的方式理解世界，並形成輿論[8]。

問題在於，如此單純化的過程是會產生錯誤的。過度一般化部分特徵的結果，即是種偏見（prejudice）。為了理解成見（以下將使用成見代替刻板印象）與偏見的作用方式，將在此多談些各國的特徵。如同前文提到對韓國人的描述，人有著熟悉於將特定國家的人連結至某些特徵的習慣。讓我們一起看看某國際婚姻仲介業者的官方網站上，究竟如何以「各國新娘的優點」的標題介紹烏茲別克、越南、中國女性的特徵[9]。

- **烏茲別克女性的特徵**：受伊斯蘭文化影響，依然保有根深蒂固的男尊女卑思考模式，與三、四十年前韓國的女性一樣，不僅擁有未曾被汙染的純潔、純樸，更存在不少尊重丈夫、照顧家庭的「出嫁從夫型」。
- **越南女性的特徵**：出身母系社會的她們，除了具備一手包辦農務與家務的強大求生能力，且大多具備順從丈夫的思想與價值觀，並懂得尊敬長輩、擁有熱衷教育子女的母愛，以及像我們母親世代那般，嫁了人就從一而終的傳統觀念。

・**中國（漢族）女性的特徵**：在社會主義的體制下，不僅勤於成長、簡樸，並且擁有環境再惡劣也甘於忍耐、堅持的絕佳韌性。

單純、順從、尊敬、勤勞、簡樸、母愛、求生能力、韌性等單字，相當搶眼。甚至還能見到像是「男尊女卑」（由於男性擁有社會地位或權利，而比女性受到更多優待、尊重）、「出嫁從夫」（妻子必須無條件服從丈夫）、「從一而終」（只服侍一名丈夫）等古老的四字成語（上述定義引用韓國國立國語院的《標準國語大字典》）。在韓國，國際婚姻仲介業是營利事業。這些基於鼓勵國際婚姻的目的而寫成的文案，意在透過最正面的方式形容各國女性。然而，這些說明實際上的準確度又有多高呢？

所謂成見，不是該對象本身，而是自己「腦海的圖像」[10]。雖然會錯覺腦海的圖像是認知的對象，但關鍵其實在自己。前文提到在國際婚姻仲介業者的網站上介紹的各國女性特徵，實際上根本無法透過這些內容得知究竟吻合了多少。只是，藉此確實能得知想要國際婚姻或仲介國際婚姻的人腦海裡存在的成見。就使用順從、男尊女卑、從一而終等詞彙來看，可以察知這些人想像中的婚姻是奠基於大男人主義所維持的關係。成見，是呈現自身價值體系的某種形式的自白。

由上述國際婚姻仲介業者的網站所描述的外國女性形象，等到她們真正到了韓國後，又會被轉換成另一種角度看待。原本形象順從、恭敬的新娘理應是對韓國人有利的存在，頓時卻變成了有害韓國人的新住民。不是貶低她們「為了錢才會從貧窮的國家來這裡」，就是高呼「拒絕將納稅錢花在這些人身上」並反對提供協助的政策，甚至還會以「滾回妳們的國家！」來表達反感。新住民女性並沒有改變，改變的是韓國人看待她們的眼光。

即便成見是種錯覺，其影響卻相當強烈。一旦進入腦海，就會像某種故障（bug）般擾亂處理資訊的過程。人們會加倍集中與記憶和自身成見吻合的事實[11]。結果，漸漸形成對該成見產生確信的循環。相反的，則不會太注意不吻合成見的事實。儘管看到與成見衝突的例子，也不會改變成見，而是將其視作不典型、情況特殊的例外[12]。這正是無論對成見活躍作用的人展現多少反例，都不會產生太大效果的原因。

在約翰．達利（John Darley）與柏哲德．葛羅斯（Paget Gross）於1983年的研究中，揭示了成見在無意識中造成的影響[13]。研究團隊將大學生分為兩個群體，各自向他們講述關於名為漢娜（Hannah）的兒童的事。當提及家庭環境的資訊時，其中一個群體得到「漢娜來自低收入階層」，而另一個群體得到「漢娜來自高收入階層」。在第一輪的實驗中，雙方僅能透過這項資訊評價漢娜的學業能力。受測者們相當猶豫，並反應只靠「家庭環境」單項資訊無法做出判斷。實際上，雙方對漢娜的評價結果差距不大。

然而，第二輪的實驗結果卻不同。研究團隊向雙方展示漢娜解題的影片，而且是同樣的影片。可是，兩個群體卻出現了不一樣的評價結果。認知漢娜來自高收入階層的一方，比認知漢娜來自低收入階層的一方給予她更高的能力評價；並認為漢娜能答對更多題目，以及做出較積極的行為。為什麼會產生這種結果呢？儘管受測者對自身的成見毫無意識，但成見的作用，確實擾亂了處理資訊的過程。人們選擇性地吸收吻合成見的資訊，並做出偏向的判斷。

根據將人分門別類的界線產生了成見後，因而改變人的態度。讓我們再思考一下這條界線又是如何作用的。

■動搖的界線

2018年2月，平昌冬季奧運前夕，共計有19名外國人為了代表韓國出戰奧運而選擇歸化國籍。在男子冰球的25名選手中，有7名來自外國；至於在女子冰球的23名選手中，則有4名來自外國。其中也有部分是具僑胞或領養之類的血緣關係[14]。儘管如此，面對沒有在既存韓國社會一起生活過的陌生外國人，許多人依然願意爽快地給予名為「國籍」的會員資格，並為「我們」吶喊加油。而高分貝反對濟州島收容葉門難民的事，也才是不久前的事。

相反的，很多時候無論在韓國社會一起生活多久的人，也無法被接受是「我們」。讓我們和蒙古籍的17歲賢浩（化名）的故事比較看看。賢浩從7歲開始，便和蒙古籍的媽媽一起生活在韓國。2012年，當時正在就讀高二的賢浩，某天因為替朋友們勸架而被送進了警察局。儘管賢浩明顯沒有犯錯，過程中卻被發現賢浩滯留韓國的資格顯示為「未登記」的狀態。瞬間，賢浩忽然就得因此被送進外國人保護所，甚至遭受強制出境的處分[15]。

就算賢浩已經在韓國生活了10年，不僅連那為了邀請外國選手披上奧運韓國國家隊戰袍而欣然給予的國籍都沒有，甚至光是要留在韓國的滯留資格都無法取得[16]。

兩個案例當然不盡相同。為了奧運嚴選19名選手給予國籍，與給予數量未知的身分未登記兒童國籍或滯留資格，是不同的事。只是，社會對待他們的態度，早已超越單純地理性思考移民政策的水準。熱烈歡呼著「我們」，與排斥「他們」的兩種態度，存在顯而易見的情緒溫差。熱烈歡呼的原因是什麼？真的只是因為代表出征奧運數次對韓國社會的貢獻比較大嗎？讓賢浩以韓國社會一員的身分留下，花一輩子時間創造的貢獻或許才更大吧？為什麼連這點都不願考慮，便選擇排斥某些人呢？

「我們」和「他們」的感覺差異，形成了劃分兩個群體的界線。根據研究，人易於傾向單純地將自己不屬於其中的群體視作「他們」[17]。面對自己隸屬其中的內部群體，往往能感覺相對地複雜、多樣、富人情味；反之，面對自己不隸屬其中的外部群體，看起來便顯得相當單調、同質性高、缺乏人情味。內部群體與外部群體的差異也可能會被想得更誇張。於是，依循以「我」為中心劃分群體的心的界線，便會形塑成對「他們」的成見與偏見。對外國人的態度，也會隨著這條心的界線而變得不同。

學者們同樣關注著這條界線究竟如何產生一事。亨利．泰菲爾（Henri Tajfel）與研究人員們透過實驗，顯示即便使用毫無意義的隨便標準也能創造出這條界線[18]。在1971年的研究中，研究團隊會同時在左右兩側向受測者們呈現數幅來自兩位畫家的畫，受測者們則根據自己的喜好回答左或右。研究團隊會表現得像真的按照各自喜好將受測者分為兩個群體，但實際的結果卻是無關答案的隨意分配。接著，（假裝）告知受測者，他們是屬於喜好「瓦西里．康丁斯基（Wassily Kandinsky）群體」，或「保羅．克利（Paul Klee）群體」。

實際上，這兩個群體根本不存在任何關連性。然而，一旦賦予了簡單的過程，兩個群體便真的開始做出像「群體」一樣的行為。研究團隊分別給了受測者們一些紙張，並要求他們替「康丁斯基組」與「克利組」的成員打分數。實驗結果顯示，受測者們平均上會給與自己隸屬相同群體的成員較高的分數。在其他實驗中，也出現了相同的結果。透過假的性格測驗區分群體後，光是單純地要求在過程中感受個人的憤怒情緒，受測者們也都會給予外部群體的成員負面評價[19]。大衛．德斯諾（David DeSteno）與其研究團隊認為這種稱為「毫無根據的偏見（prejudice from thin air）」的現象是主動產生的[20]。

假如兩個群體是競爭關係的話，會發生什麼事？有項研究指出，即使是彼此毫無不同的群體，也會根據情況的不同引起極端的群體矛盾。在1954年廣為人知的「羅伯斯山洞實驗（Robbers Cave Experiment）」，穆扎費爾・謝裡夫（Muzafer Sherif）與其研究團隊將背景相似的22名兒童，盡可能以同質性區分成兩個群體後，共同進行一場夏令營。兩個群體的名稱分別為「老鷹隊」和「響尾蛇隊」。第一，兩個群體並不知道彼此的存在；第二，兩個群體碰面後，隨即進行棒球、拔河等有獎競賽。兩個群體因而開始批評、辱罵對方。隨著產生了敵對心態，暴力與矛盾也變得愈來愈嚴重。在實驗的最後階段，當研究團隊一提出要求兩個群體必須協力解決的高階目標後，才減緩了彼此間的緊張氛圍[21]。

看過這些研究後，可以得知群體的界線並不如想像中堅固。劃分群體的界線是根據情況所產生、移動。單憑韓國社會的經驗，也能見到吶喊著「國民優先」反對外國人踏足這塊土地的人，同時將代表韓國征戰奧運的陌生外國人視為國民。「我們」和「他們」的界線，不是「國籍」這項客觀的事實，而是取決於主觀概念願意將其視作「我們」的程度。可以確定的是，無論根據什麼樣的界線，我們對「自己人」便是親切、肯奉獻的人，而對

「外人」又會變成冷酷，甚至殘忍的人。

此時，劃分「我們」和「他們」的界線，便不只是國籍，而是性別、身心障礙、年齡、宗教、家庭狀況、學歷、地域、性取向、性別認同等，根據無數分類標準與範疇，存在層次的不同。如同人可以被劃分成數種層面與範疇，群體也能生成近乎無限的可能。單一個人當然也可以同時分屬不同層次的群體。因此，按照不同的情況，一個人可以同時屬於受歧視的群體與享受特權的群體。有時，更可能因為同屬各種受歧視的群體，而必須一次承受多重的歧視。

■發生在交叉路上的事

我來問一個腦筋急轉彎。在A公司的員工中，有一半黑人，一半女性。然而，卻沒有任何一名黑人女性。為什麼？答案是：因為所有黑人都是男性，所有女性都是白人。儘管如此，A公司依然巧妙地躲過了種族歧視與性別歧視的標準。原因在於公司確實雇用了數量達標的黑人與女性。假如當社會提及黑人時，只會想到男性，而提及女性時，也只會想到白人的話，黑人女性便成了實際上不存在的存在。基於這種現象，金伯莉．克蘭蕭（Kimberlé Crenshaw）於是提出了關於「交織性（intersectionality）」的問題。

以下是真實案例。在美國汽車公司通用汽車（GM）的員工中，沒有任何黑人女性。1964年以前完全沒有任何黑人女性員工，1970年以後雇用的黑人女性亦全數遭到解雇[22]。儘管遭解雇的5名黑人女性同時提出了性別歧視與種族歧視的問題，卻沒有得到法院的認同。由於該公司雇用了女性，因此法院認為「沒有性別歧視」；而種族歧視的部分，則是與黑人男性提出的案件共同處理，不接受「必須另外考量對黑人女性的歧視」的主張[23]。

問題究竟是什麼？當以單一層面看待歧視時，便會出現扭曲現象。對一般人而言，藉由單一層面接觸歧視的方式，代表的是只要解決另一層面擁有特權的這一個問題即可。舉例來說，對異性戀的黑人男性來說，只要沒有種族歧視的問題，就可以成為主流；同理，對異性戀的白人女性來說，只要沒有性別歧視，就可以成為主流。既然如此，若某人是黑人女性，又是同性戀者呢？如同前文提到的黑人女性們的例子，一旦僅以單一層面接觸歧視，到處都會存在無法被豁免的人。隨著在黑人群體裡被邊緣化，又在女性群體裡被邊緣化，那麼最終只是在掩蓋對黑人女性的歧視。

克蘭蕭指出，只要人不願考量多層面的存在，便免不了產生諸如此類的錯誤。在她的論文〈去邊緣化種族與性別的交織性：關於一名黑人女性主義者對反歧視論述、女性主義理論，以及反歧視政策的批判（Demarginalizing the Intersection of Race and Sex: A Black Feminist Critique of Antidiscrimination Doctrine, Feminist Theory and Antiracist Politics）〉中，使用發生於交叉路的交通意外比喻交織性[24]。假設在種族歧視與性別歧視的交叉路上發生車禍，是否有辦法輕易釐清原因？既可以在兩種歧視中擇一進行說明，也可以重疊兩種歧視，或是結合兩種歧視創造出獨有的第三種型態。

跨種族的性犯罪，正是在這個交叉點上激起了奇怪的火花。黑人男性性侵白人女性的案件，在歷史上引起美國社會極大的恐慌。結果，這個案件造成許多黑人男性遭到私刑（非法的私人制裁）。一方面要求白人女性貞潔，另一方面又對破壞這項貞潔的黑人男性感到憤怒的，皆是白人男性。對黑人男性的憤怒，巧妙地掩蓋了白人男性的性別歧視。白人男性以白人女性的保護者身分挺身而出，猶如把性犯罪全歸咎成黑人的問題般，一致將矛頭指向他們。社會看似為了女性的安全著想，實際上日趨深化的種族偏見才更顯著[25]。

在這個情況中，黑人女性是否也得到作為女性的同等保護？答案並不然。有別於白人女性，黑人女性反而被批判性生活混亂。白人男性對黑人女性犯下的性犯罪，往往因為白人男性的權力而無法在法院得到應有的處理。即使換作加害者是黑人男性，黑人女性的處境依然困難。既擔心將黑人男性視作性犯罪者會強化種族偏見，又無法輕易公開議論黑人男性對黑人女性的性犯罪會對她們造成什麼傷害。就算同為女性，卻仍因種族而置身不同的情況[26]。

1991年，黑人女性安妮塔·希爾（Anita Hill）揭露自己受到了被提名為大法官的黑人男性克拉倫斯·湯瑪斯（Clarence Thomas）性騷擾。時任法學院教授的希爾在聽證會上，作證過去湯瑪斯曾以上司身分對自己做過的言行。至於湯瑪斯則表示「這是對傲慢自大的黑人的高科技私刑」，並以「種族歧視」回擊。他藉由私刑（lynch）一詞，將原本聚焦在自己身上的疑惑轉移到了種族歧視的問題。結果，他依然成為聯邦法院的大法官。相反的，自從聽證會後便飽受責難的希爾，則不得不離開原本任教的大學。假如希爾是白人女性，還會出現一樣的情況嗎？即使同時身為女性與黑人，卻站在了完全無法被看見的歧視的交叉路口[27]。

２０１８年，在韓國，人們以女性的安全問題為由反對收容葉門難民。不少人都在談論葉門的性別歧視文化。然而，這個話題多是基於強化對葉門人的種族偏見，以及對自身排斥行為的正當化。社會大眾對葉門女性又有多關注呢？其實，入境濟州島的５００多名葉門難民中，有45名女性[28]。然而，認為全數是男性的想法，猶如真的為人所相信的事實般廣泛流傳。換句話說，正是在消除葉門女性的存在。在疾呼「女性安全」的韓國社會裡，容不下葉門女性。這也是黑人女性索傑納．特魯斯（Sojourner Truth）曾於１８５１年高喊「難道我就不是女性嗎？（Ain't I a Woman?）」的演講迄今仍經常被引用的原因。

面對歧視時，如果在性別與種族的軸心外，再加上國籍、宗教、出生國家、社會經濟地位等其他軸心，便會讓情況變得更加複雜。當議題從一次元變成二次元、三次元，甚至更高次元時，幾乎不可能一口氣解決全部。不過，與這點無關的是，無法僅從任何一方面說明歧視經驗的事實並不難理解。儘管能說明女性比男性容易受歧視，卻很難釐清韓國女性比外國男性更受歧視。假如再替上述的韓國女性加上身心障礙者，或外國男性加上經濟狀況富裕等其他軸心，自然更難辨明歧視的程度。

艱難且複雜。不過，唯有懂得思考這層多重性，才得以發現自己可能在被歧視的同時也做出歧視言行。即使因為女性的身分而被歧視，但不等於是在所有層面的弱者；即使因為社會經濟層面的不平等導致生活陷入困境，但不等於永遠都處在弱者的位置。任何人都會因各種理由經歷多重的歧視，於是當置身被歧視的群體裡，自然也會受到更多歧視。歧視看似是在比較兩個群體的二分法，卻必須透過多重切入點，立體地看待這個二分法，才有辦法再多理解歧視的全貌一些。

排斥濟州島葉門難民的原因，不僅是因為性犯罪。「穆斯林是恐怖分子」、「殺人是家常便飯」、「援助難民的是浪費稅金」、「他們不是難民，是來賺錢的」等聲音亦不絕於耳。一想到葉門難民是會對本國國民造成威脅、競爭的人，便毫無保留地表達了群起的敵對心態。當時在青瓦台的國國民請願留言板上，最高紀錄曾有過71萬4875位國民署名同意廢止「難民認定制度」[29]。就算有媒體報導澄清那些都是為了助長對葉門人的恐懼而捏造的謊話，卻起不了什麼作用。人們早已將成見內化，很難再改變想法。

聲稱自己不是「種族主義者」的人們，同時抗辯著自己的意見並不是嫌惡、歧視。２０１８年８月，於聯合國以〈消除一切形式種族歧視國際公約〉對韓國政府進行審議前夕，舉辦了向社會大眾公開的討論會。《聯合新聞》不僅撰稿報導這項活動，並以濟州島葉門難民懸案為例，介紹了難民資格申請程序等一般的問題。隨後，引來７０００多個留言[30]。雖多以反對難民的意見為主，其中卻也包含以下內容：

「也太令人生氣了吧？現在是在把韓國人當作種族歧視主義者耶？」

「我是有兩個孩子的普通市民！不是嫌惡者或極右派！」

我們會把什麼樣的人想成「歧視主義者」？

成見，同樣存在看待「做錯」某些事的人身上。想到罪犯時，人們通常會將其想像成電影裡出現的窮凶惡極之人。然而，當實際發生犯罪時，卻又看著罪犯表示「看起來不像那種人」，這就是「自己對罪犯存在誇張的成見」的旁證。歧視亦然。如果想到主張白人至上主義的團體ＫＫＫ犯下殺人、縱火時的惡劣、奇異模樣，一定也會覺得自己不是那樣的人。

只是，歧視比想像中更普遍、常見。無論是帶有成見、帶有對其他群體的敵對感，都是件太過容易的事。「我不歧視」的可能性，實際上趨近於零。

第3節——鳥看不見鳥籠

■標籤與汙點

有人將這個問題上傳至某個網路社團。

「大家對○○大學的地方校區印象如何？」

於是，下面開始出現一些語帶保留的留言。

「這個問題對在學生來說可能有些敏感，在這裡發問好像不太好。」

原本略顯猶豫的對話，漸漸變得誠實。

「老實說並不好，至於壞話就不多說了。」

「一輩子都甩不掉『分校』的標籤。如果明知道這件事還願意去的話，倒是無妨。」

接著，一名就讀本校的學生說：

「對分校毫無關注，就算學生們會關注，大致上也都持敵對的態度。」

隨著對話開始變得坦白，同樣就讀本校的另一名學生則回覆：

「我不認為本校和分校是同所學校。老實說，站在本校生的立場，實在很煩。因為有人會問『是哪個校區？』如果覺得分校的存在是本校的汙點，會太過分嗎？」

在這個回覆下方，又有人留言寫道：

「我是分校的畢業生。非常抱歉成為您的汙點。哈哈！」

起初可能只是為了煩惱申請入學而審慎提出的問題，最後竟赤裸裸地以「標籤」和「汙點」作結。對分校你一言我一語的連串負面留言，一名自稱是畢業於分校的人提出如下建議：

「本來就該自行承受裡裡外外對分校的認知差異。要是讀書讀得好的話，早就去本校了。因為雙主修的緣故，我也去本校上過課，確實是滿有趣的經驗。」

他認為，「就算大家對分校生投以不友善的目光，也該坦然接受」。每個人都有就讀本校的機會，機會爭取失敗的人理應接受這個結果。

我曾與學生們談過類似的對話。在一次討論關於大學校區的矛盾中，學生們高分貝地發聲表示「以『地方』大學為由做出具侮辱性的發言有問題」，同時卻又將本校生排斥分校生的想法視為「合理」。

「拚死拚活讀書才考上那間學校的，當然不可能混為一談吧。」

這樣的言論，讓我覺得相當不適。原因在於，所謂的「大學排名」，是所有人都心知肚明，但很難坦然議論的禁忌話題之一。無論說得再小心，當誠實表達內心想法的瞬間，往往就會有人因此而感到受傷。然而，不管是哪一方，似乎都沒有嘗試改變這個秩序的念頭。僅是拋下一句「接受吧！」為什麼呢？

■想法會變成現實

讓我們試著探究其根源。「明星大學」受歡迎的原因是什麼？是因為明星大學的教育品質比較優秀嗎？因此，我為了有機會成為更優秀的人才，所以偏好明星大學？還是因為該所大學的「招牌」？換句話說，就算我不特別做什麼，光是就讀該所大學一事本身，已經足夠有利於自己？固然很難從兩者間斷言其中之一，但從前文提及的本校與分校的緊張感，顯然不是為了教育品質的激辯，看起來更像是圍繞著「招牌」的問題。「招牌」究竟為什麼值得大家這麼做？

人們對特定的大學存在特定的印象——腦海中的圖像，即成見。很多時候，由這個成見塑造而成的形象，並非來自關於該所大學的具體資訊；意即我們很難一一親自造訪各大學後，經過比較分析，再掌握其特徵或優勢。儘管如此，人們依然會單憑「形象」認知一所大學。其實，多數人都是在準備報考大學的過程中，才第一次透過分配表得知大學的名字。於是，藉由按成績排序可能申請的學校與學系的分配名單，熟悉大學排名。

大學入學考試在韓國社會之所以如此重要，原因在於出身大學將全盤影響就業、結婚等人生課題。既然如此，就讀排名愈高的大學，自然愈有利。根據研究結果顯示，出身不同大學的人，畢業後的薪資與生活滿意度存在差異。一般而言，畢業於明星大學的人是能賺更多錢的「薪資勝利組」[1]。由於從排序前幾名的大學畢業的人，對未來各方面的生活滿意度也比較高，因此得出「幸福取決於成績排名」的結論[2]。

根據出身學校，過度決定遙遠未來的預見現象，很難單純地定義個人的能力或努力。很難相信在人生特定的時間點進行了特定的考試方式，竟驚人地成為可能預測一個人數十年後的未來的正確指標。大學確實存在教育品質或人脈、機會等透過大學體制得以獲得的效益，其中又如同多數人經由自身經驗所體悟的，大學「招牌」的重要性著實令人無法忽視。這塊「招牌」實際上確實可以變成個人的能力與機會。讓我們思考一下此情況的成因究竟為何。

即使成見會帶來負面影響，卻也適用於正面影響。就讀或畢業於明星大學的人們，單憑出身自該所大學的事實本身，便能獲得「是聰明、有能力的人」的正面成見。這種有利的偏見，可以變成事實。原因在於，在日常交往或各種社會生活中，許多人都樂意接觸這些人，進而提供參與活動的機會。藉由他人給予的多樣機會，明星大學的學生得以成長與發揮自己的能力。在這種循環之中，偏見變成了現實，而現實又再次強化成見。

相對來說，就讀地方大學、沒讀大學的人便會獲得負面的成見。如同有利的偏見會成為好處般，不利的偏見同樣會招來壞處。沒能就讀所謂明星大學的學生們，相對地被定義「比較不優秀、比較不認真、不夠努力、好像做不好事」。很遺憾的是，這些定義也會變成現實。社會會基於這些偏見，相對地不願給予這些學生機會，即使在面對相同成果時，也會給予較低的評價，進而導致個人難於成長與發展。

即便對某群體的成見始於外在眼光，但也可能因而成為其成員看待自己的內在視線。人們對所屬群體擁有歸屬感，並接受該群體成為自我認同的一部分。於是，形成了社會認同（social identity）[3]。此時，由於將該群體與自己視為一體，對群體的成見也會自然吸收成是對自己的成見，這個成見便會因此對行為產生影響。提高或降低自我的力量，取決於內化了什麼樣的成見。

厄文．高夫曼（Erving Goffman）聚焦於因內化負面成見「汙名（stigma）」所形成的現象[4]。當一個人以他人的視線評價自我價值時，便會將社會賦予的汙名內化至自己的內在，而開始認為自己慚愧、羞恥[5]。這個結果不會僅停留在個人的評價。即使他人沒有露骨地表現歧視，自己也會變得行為消極，而自然維持著社會帶有歧視的結構；即使明知道被歧視了，也會自卑地認為是因為自己的不足，而不做任何反抗。

實際上，光是意識對自己的負面視線一事本身，都會降低行為能力。在美國的一項實驗中，要求曾在同場考試獲得相同分數的男、女受測者解相同的數學問題[6]。由於參與實驗的受測者們的數學實力皆相等，因此沒有理由存在男女性別間的差異。只是，等到實驗開始前，卻因為研究人員的一句話而產生了差異。

「這項研究的目的是為了觀察不同性別的數學實力差異。」

正因這句話，女性受測者們的心態出現了變化。因為背負著「必須顛覆女性數學不好」的傳統觀念生成壓力，這份壓力便進一步妨礙了行為。

這是惡性循環。一旦刺激了負面成見，即會產生必須戰勝負面成見的壓力，接著又因壓力降低行為能力，最終得出吻合成見的負面結果。這種壓迫的情況，被稱為「刻板印象威脅（stereotype threat）」[7]。相反的，不存在負面成見的群體，其行為能力也會相對地提升。原因在於，當人置身沒有負面成見的狀態時，自我懷疑與不安的感覺會比較少，因此也不會對智能產生妨礙[8]。由於沒有負面成見，不僅使人感受尊重多於懷疑，就算失敗了也毋須憂慮會讓自我地位下降或遭受拒絕[9]。

只要稍微回顧日常的經驗，即能輕易明白附著在自己身上的成見究竟是如何運作的。舉例來說，假如是從事過運動的人，應該都知道教練的態度會對選手造成多大影響。「以一個女生來說，算是表現得很好耶？」乍聽之下像是稱讚的這句話，卻刺激了「女性不會運動」的負面成見。在這種教練的指導之下持續運動，很難會有多好的成果。「以地方大學畢業的人來說，算是做得很好耶？」這句話亦然。隨著刺激對地方大學畢業生的負面成見並給予壓迫，很容易就會出現行為能力下降的結果。於是，瞬間實現了自己也不樂見的自我預言。

人們當然也不會一直只被成見牽著走。有些人反而會加倍深刻地探索普及於社會的成見，並做出積極的對應。為了出身大學或職場的招牌等讓自己看起來「有分量」的過度競爭情況，正是因為太明白社會的偏見才會發生的事。當充分瞭解社會存在偏見與歧視時，我們才會稍微思考自己究竟該如何行動。

■「選擇」歧視的人們

在我任教的大學原州校區裡，設有保健福祉學院與科學技術學院。如同多數人所輕易推斷的，兩所學院的學生性別組成明顯地不同。以2017年為基準，保健福祉學院（包括多文化學系、社會福祉學系、幼兒教育系、護理學系）的女學生人數佔了80．3％，男學生人數佔了19．7％；相反的，科學技術學院（包括機械汽車工學部、多媒體工學系、產業經營工學系、電腦工學系等）的男學生人數佔了89．5％，女學生人數佔了10．5％。女性與男性的比例呈8：2與1：9的極端差異。

不是只有我任教的大學存在這種現象。根據2018年的教育統計資料，在全體大學生的人數中，佔了44．4％的女學生人數雖然較少，卻也已接近半數。然而，檢視不同學系的情況後，結果卻顯得相當不同。如果以主修科系劃分全韓國的學生性別比例，可見幼兒教育、一般教育、護理等領域的女學生比例超過80％；相反的，機械·金屬、電機·電子、交通・運輸、土木・都市等領域的女學生比例則不到20%（表２）。

為什麼會出現這種差異？其實很難就此斷定是因為女性不擅長數學與科學，所以才會出現無法進入理工學系的結論。按照２０１８年度的大學入學學科能力測試結果，在國文、數甲、數乙三科中，所有女學生的標準分數平均都偏高[10]；至於２０１７年度，在國文、英文、數乙三科中，女學生的標準分數平均偏高，而在數甲中，男學生則與女學生的標準分數平均相同[11]。儘管在這兩個年度數甲學科的１・２等級中，男學生佔較高的比例，但在８・９等級中，女學生卻佔較低的比例。

表 2・不同主修學系之女學生比例

女學生較多的主修學系	女學生較少的主修學系
幼兒教育（96.4%）	機械・金屬（7.7%）
一般教育（82.4%）	電機・電子（12.5%）
護理（81.2%）	交通・運輸（13.5%）
美術・造型（77.0%）	土木・都市（15.8%）
初等教育（70.7%）	電腦・通訊（21.8%）
特殊教育學（68.2%）	產業（23.4%）

註）經分析韓國教育開發院教育統計服務（https://kess.kedi.re.kr）提供的「各學科學系之學生人數」資料得到的內容（調查基準日：2018 年 4 月 1 日）。括號內的比例數字，為女學生人數佔總在學人數的比例。

如果要說存在什麼差異，那就是女學生們在大學學測時索性不報考進入理工學系必要的數甲學科。根據韓國教育課程評價院的資料，2018年度報考數甲的女學生比例為34．4％，男學生比例為65．6％[12]。雖然有可能是因成績不夠才提早放棄，但看起來比較像是打從一開始準備考試時，便已選擇了不進入理工科系。

究竟該怎麼看待性別與主修科系的關聯呢？就數據來看，8：2與1：9的比例顯然有蹊蹺。這是歧視嗎？我與學生們分享這件事時，多數人不認為是歧視——因為這不存在任何人的強迫，而是自發性選擇的結果。當自己想要的某樣事物被他人以「性別」為由導致無法實行時，便是一種歧視；但面對自行選擇的科系時，的確很難判定「哪個性別比較多」是個問題。真的是如此嗎？

試著站在女性的立場，思考一窩蜂「選擇」特定主修的原因。首先，其原因想必是興趣或適性。如果是因為女性對照顧與教導他人更有天賦，且更能從中獲得成就感的話，某種程度上確實能理解為何存在選擇教育或護理相關職種的趨勢。然而，即便女性實際上擁有這種傾向，其背景勢必也受到社會文化很大的影響。比較各國的情況後，即能得知對性別的成見會影響前途發展的差異。

２００８年，發表於期刊《科學（*Science*）》的論文〈文化、性別、數學〉，比較與分析了隸屬ＯＥＣＤ40個會員國家的性別歧視標準與15歲學生的數學成績[13]。其結果顯示，在性別歧視文化顯著的國家，女學生的數學成績較低。雪萊．可洛（Shelley J. Correll）在其名為〈性別與職業選擇過程：偏向的自我評價之作用（Gender and the Career Choice Process: The Role of Biased Self - Assessment）〉論文中，做出「當女性接受自己沒有數學天分的文化成見時，便會出現貶低自我能力與迴避未來選擇數學相關職種的傾向」的解釋[14]。

女性偏好選擇特定主修科系的另一個原因，則是從中找得到就業前景。根據韓國僱傭情報院的〈２０１６年大學畢業生嚮往職業調查〉，在多數大學畢業女性傾向選擇的「社會福祉與宗教」、「保健醫療」相關職種之中，女性人數所佔的比例分別為76．5％與73．3％；而女性人數比例佔了63．9％的文化．藝術．設計．傳媒相關職種，以及佔了69．0％的教育與自然科學．社會科學研究相關職種，同樣可見比例之高。相對於機械領域的5．3％、材料領域的6．7％、電機電子領域的12．0％等，顯然存在較多機會。

很遺憾的是，女性佔多數的職種，其薪資水準整體上偏低。表3是同時期的畢業生就

表 3．大學畢業生之各職業領域平均薪資，及其女性人數比例與薪資比例

	平均薪資（單位：韓幣萬元）	女性人數比例（單位：%）	對比男性後的女性平均薪資比例（單位：%）
金融．保險相關職種	272.20	46.5	80.0
法律．警察．消防．監獄官相關職種	253.66	35.2	81.5
機械相關職種	251.98	5.3	107.4
電機．電子相關職種	234.56	12.0	107.3
駕駛與運輸相關職種	226.85	5.8	74.9
建築相關職種	224.63	22.5	80.1
資訊通訊相關職種	222.70	23.2	93.4
化學相關職種	216.55	26.2	73.8
保健．醫療相關職種	213.96	73.3	85.5
環境．印刷．木材．家具．工藝等基礎產業職種	204.10	28.2	91.6
營業銷售相關職種	203.00	35.3	70.6
經營．會計．庶務相關職種	201.96	54.1	78.6
材料相關職種	200.78	6.7	65.1
美容．住宿．旅行．娛樂相關職種	186.69	50.6	76.6
軍人	185.18	9.3	87.3
文化．藝術．設計．傳媒相關職種	177.78	63.9	86.0
教育與自然科學．社會科學研究相關職種	171.40	69.0	95.5
社會福利與宗教相關職種	165.86	76.5	92.0
飲食服務相關職種	138.75	55.1	76.6

註）上表經分析由韓國僱傭情報院（http://www.keis.or.kr/）提供的〈2016 年大學畢業生嚮往職業調查〉的結果（此資料以 2015 年度的大學生畢業生為調查與蒐集對象）。另外，此表扣除該職種樣本數未達 100 的警衛．清潔、食品加工、農林漁業、紡織成衣等相關產業。

業結果，卻因為性別不同，薪資水準也不同。女性人數過半的職種，平均薪資大多未達韓幣２００萬元；男性人數過半的職種，平均薪資大多超過韓幣２００萬元。即便是相同職種，女性對比男性的薪資也大多偏低，而當男性與女性從事不同職種時，女性的薪資則是愈來愈低[15]。

韓國的性別薪資差異，實際上已達嚴重的程度。根據ＯＥＣＤ的資料顯示，韓國女性的薪資比男性少34・6%，為ＯＥＣＤ會員國中差距最大的國家[16]。就算考量了教育水準，差異仍然不變。雖然在教育水準低的情況時，性別薪資的差異會更大，但當條件限制為至少大學畢業時，對比擁有同等教育水準的男性，女性的薪資仍低28%[17]。

因此，依性別而「選擇」不同的主修學系與職涯前途，是否真的無關社會的歧視？身為女性，光是要選擇什麼樣的主修學系才有利於自己就業、什麼樣的工作才適合在婚後繼續兼顧養育子女與職場等，便已是基於勞動市場與社會全方面歧視的前提。不只是女性，身心障礙人士、性少數群體、新住民等，早就意識自己帶有不利條件的人們，往往會主動配合著這些條件行動。

此外，諷刺的是，這項結果正朝著維持歧視狀態的方向前進。當職場開始劃分性別時，看似對女性有利的舉措，實際卻讓薪資相對偏低的現象持續。社會全方面的性別歧視意識，以及政治層面的影響力，對勞動價值的評價並非無關。女性人數偏多的職業之所以吸引這麼多女性投身，正是因為其勞動價值無法充分獲得認同[18]。

這是單憑「同工同酬」原則也無法解決的現象[19]。面對女性從事與男性相同的工作，薪資卻比男性低的情況時，確實能直覺是不當歧視。只是，這與女性從一開始便進入低薪資職種的情況可不一樣。就某種層面而言，有鑑於女性是主動投入對自己不利的勞動市場，因此也有人表示「這是女性必須自己負責的問題」。

「系統性歧視（systemic discrimination）」[20]讓歧視看起來不像歧視。當歧視已經蔓延整個社會且長久持續，而使一切情況變得可預測時，就算沒有基於某人的刻意，也會因為「各司其職」的觀念而產生歧視。除了因歧視得利的人外，因而損失的人同樣會為了維持秩序的井然，而讓自己成為不平等結構的一環。

有時，我們會有意識地為了配合社會的偏見而努力。向來喜歡穿牛仔褲配運動鞋的人，也會面臨穿著套裝、皮鞋的時候。最具代表性的，便是求職面試時。以非自己的風格，配合對方想要的風格。分析自己目標職場的職員形象後，努力讓自己變得吻合。這即是為了迎合對方的偏見，百分百刻意且理性的行為。

愈是人生重要的事，愈無法擺脫社會偏見自由地選擇。不，應該說是為了取得最安全的結果，才做出最保守的選擇。吉野賢治在其著作《掩飾（*Covering*）》中提到，帶著「受損」的自我認同生活的人們，為了不顯露自己的烙印，將會全力聚焦於自己經掩飾過的樣貌[21]。藉由「掩飾」一詞，他闡釋了生為性少數群體在生活上既無法完全成為主流，又被要求必須盡力順應同化主義的壓迫。

假如置身在沒有歧視的狀態，人們是否依然會做出和現在一樣的選擇？假如在沒有成見與偏見的社會成長，我們的興趣與適性真的仍會和現在一樣嗎？

■鳥看不見鳥籠

1947年，肯尼斯．克拉克（Kenneth Clark）與馬米．克拉克（Mamie Clark）的克拉克娃娃實驗（Clark Doll Experiment），令人惋惜卻也赤裸裸地呈現偏見如何從童年時期便扎根於心底的效果[22]。在這項實驗，研究團隊將兩個白種人娃娃和兩個有色人種的娃娃，交替擺在選定為受測對象的3至7歲黑人小孩面前。接著，向他們接連提出以下問題，並要求從中選出一個娃娃。

「你想玩哪個娃娃？」

「哪個是善良的娃娃？」

「哪個看起來是不乖的娃娃？」

「哪個顏色的娃娃看起來比較漂亮？」

多數的黑人小孩偏好選擇白人娃娃。67％的黑人小孩表示想玩白人娃娃，59％認為白人娃娃是善良的娃娃，60％認為白人娃娃的顏色比較漂亮；相反的，有59％的黑人小孩表示有色人種的娃娃看起來是壞娃娃，17％則選擇白人娃娃，剩下的24％則沒有回答或回答不知道。

實驗團隊提出最後一道問題：

「哪個娃娃看起來最像自己？」

聽見這道問題後，幾名小孩開始放聲大哭。這是面對自我否定的不適感與進退兩難的困境時，所產生的情緒性反應；其中一名小孩，更於選擇與自己相像的有色人種娃娃的同時，為自己辯護道：

「我是因為臉曬黑了，才會看起來這麼糟。」

1954年，對這項實驗投以高度關注的美國聯邦法院，做出了重要的判決[23]。在被稱為「世紀判決」的「布朗訴托皮卡教育局案（Brown v. Board of Education of Topeka）」案件中，聯邦法院廢除了原本隔離白人與黑人學校的政策[24]。在此之前，許多人都認為「只要確保是相同設備、相同教學課程、相同教師素質，就算將黑人兒童與白人兒童分開教育，也是平等」，從來不覺得將黑人與白人分開這件事本身就是一種歧視。

克拉克娃娃實驗，便是呈現了事實並非如此的證據。「隔離」一事本身，已經將劣等感深植於黑人兒童的內心，因為這份劣等感，在教育上的成就也理所當然地低落。如同以下的聯邦法院判決文，隔離學校設施已是本質上的不平等。

> 在公立學校中隔離白人與黑人兒童的做法，會對黑人兒童造成不良的影響。依照種族隔離的政策通常被理解為黑人群體低人一等，若是再經由法律裁定，其影響會更大。（……）法院因此判決「隔離但平等」的法律原則，在公立學校中，

隔離的措施本身即是一種不平等（inherently unequal）[25]。

反過來想，內化在人們內心的烙印與劣等感，可以是感知不平等架構的信號。正如本節一開始提及關於圍繞大學排名的心理不平衡，或許正是存在優越感與劣等感之間。所謂教育，本來應該是給予所有人成長的機會，但當其本質遭到扭曲，便會搖身一變成為用作培養某些人優越感，與某些人劣等感的體制。在堅信大學排名是公平競爭結果的同時，拚命忽視這些矛盾的「標籤」與「汙點」卻也同樣龐大。

瑪莉琳．弗萊（Marilyn Frye）以「鳥籠」比喻壓迫的狀態[26]。近看鳥籠的話，可以看見一條條的鐵線；看著一條條的鐵線，根本什麼也不是。完全不會浮現「如此細薄的線會妨礙小鳥飛翔」的念頭。唯有退離鳥籠，才能望見合在一起的鐵線形成了鳥籠，進而頓悟眼前的鳥籠囚禁了小鳥的事實。將你我囚禁其中的鳥籠，同樣也需要退離幾步才能看得見。換句話說，「有系統地連結成強制與隔閡的網絡」[27]正在阻礙我們展翅翱翔。

你看見歧視了嗎？系統性歧視，不過是你我感覺無比自然的日常罷了。因此，很難意識得到。在奴隸制度的時代，大家將奴隸視為自然；在女性沒有投票權的時代，大家也將其視為理所當然[28]。借奧茲萊姆．森索伊（Özlem Sensoy）與羅賓．狄安吉羅（Robin DiAngelo）說過的話：「我們的視野因社會化而受限，比起更龐大、更交錯的模式，往往選擇集中在單一情況、例外、一次性的證據。」[29]

我們的想法，禁錮了視野。受壓迫的人無法看見由體制驅使的社會構造，並認為自己的不幸僅是暫時或偶然的問題。於是，寧願忍受「無可奈何」，而非挺身反抗歧視。當一個人身處於有利的地位時，感受壓迫的機會便更少，視野也更受限，甚至無法理解認為「受歧視」的他人，轉而批判是對方「敏感」、「太多抱怨」、「想享受特權」[30]。

因此，存疑是必要的。世界真的平等嗎？自己的生活真的與歧視無關嗎？所有人都需要為了拓寬視野的「醒悟」。當有人提出自己無法看見的某樣事物時，即是發現自己視野不及的死角的機會。倘若缺乏醒悟的時間，你我便會無意識地依循看似自然的社會秩序，在不知不覺間參與歧視。恰如萬事萬物，「平等」同樣不是自然而然。

第 2 章

如何消除歧視？

第4節｜反對所謂玩笑話的理由

■「拿種族開玩笑，很好笑嗎？」

裝扮成黑人，可以成為笑點嗎？

在某個以搞笑為主的綜藝節目《尋找歡笑的人們》（以下稱為尋笑人）中，因嘗試以黑人裝扮搞笑而引來輿論的批評。塗黑皮膚、畫上厚唇、在戴著捲曲假髮的頭皮黏上一根蔥後，登場跳了一段滑稽的舞。這一幕一播出後，即刻被觀眾批判為「貶低黑人」，製作團隊因此出面公開道歉，並刪除相關影片片段；至於參與演出這一幕的搞笑藝人們，也致歉表示「這是未經深思的笑點」。

過程中挑起了更大的問題是，演藝人員們開始為這件事掀起唇槍舌戰。演藝人員A透過Facebook公開批評「拿種族開玩笑，很好笑嗎？」於是，演藝人員B則以「硬把單純的裝扮說成貶低黑人，不過是輕率概化的錯誤」回應。接下來，讓我們一起看看演藝人員B的回應。

> 如果問我為什麼會「把單純的裝扮被抗議是貶低黑人」解析成「輕率概化的錯誤」，那是因為這麼做的話，「永九與孟九」（註：韓國典型的「傻瓜」角色）的角色豈不是也能解析成在「貶低自閉兒童」？還有在韓國一直深受大家喜愛的〈黑黑黑〉（註：由韓國搞笑藝人李倖源與張斗錫以黑人裝扮演出的綜藝節目環節）笑點。這些難道都是在貶低黑人嗎？

B回應的這段文字不僅喚起了永九與孟九、小黑等長久以來使用的搞笑素材，同時也讓大家重新回頭審視過去究竟有多少綜藝節目遊走在搞笑與貶低之間。儘管有著細微差異

（nuance），卻是個重要的問題。迄今依然膾炙人口的所謂「傻瓜」角色永九、孟九，是在貶低身心障礙人士嗎？1980年代，以黑人裝扮登場載歌載舞表演的〈黑黑黑〉，是在貶低黑人嗎？〈黑黑黑〉是當時KBS電視台最具代表性的搞笑節目《Show Video Jockey》中的高人氣環節，甚至還憑著這股高人氣發行專輯。過去與現在，有什麼變得不同了？

自當時起經過約30年的今時今日，產生的重要變化之一是出現了認為這個笑點「不好笑」的人。仔細想想，童年時期的我也曾看著永九、孟九、〈黑黑黑〉哈哈大笑；學校裡也不乏因為擅長模仿這些角色而成為人氣王的同學。現在的我再也不覺得那些笑點好笑。不過，也很難藉此表達自己對這些事的不適感。有時，還會聽到「就算做錯了也能一笑置之的事，何必過度敏感地放大解釋？」之類的話。

「黑人裝扮」的爭議，拋出了一個極深奧與哲學性的問題：「究竟為什麼好笑？」此外，也讓人開始思考將這些「玩笑」連結至「歧視」是多麼「輕率概化的錯誤」與「放大解釋」。我們應該對這些玩笑話輕鬆地一笑置之嗎？還是真的得堅決反對才行？

■你笑的原因

隨著《尋笑人》的笑點掀起爭議，使用「黑人裝扮」作為搞笑素材的歷史也一併受到重視。「塗黑臉（blackface）」，指的是以黑人裝扮唱歌、跳舞的劇場表演形式。演員們會塗黑皮膚、誇大描繪唇形、戴捲曲的假髮、穿破爛的衣服。「吉姆．克勞（Jim Crow）」是19世紀曾在美國以上述裝扮表演歌舞的著名角色名字。後來，美國之所以使用「吉姆．克勞法（Jim Crow laws）」通稱自19世紀末至20世紀中採納種族隔離政策的法律，也正是源於這個塗黑臉角色[1]。

有段時間，由於塗黑臉的形象在美國廣泛使用於童話、漫畫、玩具、各種商品等，也因此定型成為黑人的典型模樣[2]。直到1950年代，隨著民權運動的蓬勃發展，才展開了一致拒絕使用「塗黑臉」表演與形象的活動[3]。與「塗黑臉是貶低黑人與種族歧視」的批判聲浪一起出現的是，在美國社會露骨地使用「塗黑臉」從此被視作禁忌[4]。《尋笑人》使用的黑人裝扮，即是塗黑臉的裝扮模式。借用了從前被定型的黑人形象，將早已過時的形象活用成２０１７年的韓國搞笑方式。

同樣的裝扮，可能隨著何時、如何使用而變得好笑或不好笑。很明確的是，幽默會因應社會脈絡而改變。我們接受什麼樣的幽默?我們會因為看到什麼樣的內容感到愉悅?

舉凡柏拉圖或亞里斯多德等古希臘哲學家，皆認為「人會因為見到他人的弱點、不幸、不足、笨拙而感到愉悅」[5]，而笑的動作就是對他們的嘲弄表現；這種觀點被稱為「優越論（superiority theory）」[6]。湯瑪士·霍布斯（Thomas Hobbes）將此解釋為「當人覺得他人低於自己時，會因隨之提升的自尊感與愉悅度而發笑」[7]。貶低他人的幽默之有所以有趣，正是來自於自己比該對象優越的幸災樂禍。

根據優越論，人會因自己置身的位置而對相同場面感覺好笑或不好笑。如果是面對凸顯自己比較優越的場面，便會覺得好笑；相反的，如果是面對自己被貶低的場面，便會覺得不好笑。藉由齊爾曼（Dolf Zillmann）與喬恩·康托（Joanne Cantor）於１９７２年的實驗，呈現了當專家與大學生看見相同畫面時會做出什麼不同的反應[8]。研究團隊會要求受測者們看一段描述上下關係（父母—子女、教師—學生、雇主—受雇者）相互貶低的漫畫場面。實驗結果顯示，社會地位相對高的專家們認為上位者貶低下位者的場面較有趣；相反的，社會地位相對低的大學生們則認為下位者貶低上位者的場面較有趣。

群體間的關係也會出現相同的現象。人們樂於享受與自己一體化的群體顯得優越的玩笑，也就是貶低與自己非一體化的群體的玩笑。一旦產生對相對群體的同理心，便不會再覺得同樣的玩笑有趣了。唯有在將對方視作與自己無關的人、不太重要的人時，才能享受玩笑。假設對相對群體存在負面偏見又會如何？貶低與自己絕對不可能視作一體、相距甚遠的群體，即成為確立自己所屬群體優越性的樂事。

要人坦然承認藏在這些幽默背後的陰暗面心態自然不容易。即便承認了，依然存在試圖掩蓋的部分。並非所有幽默都能透過優越論說明。儘管如此，卻也不能否認某些笑意確實源於如此羞恥的內在。醜化某些群體的幽默，便是基於這樣的群體心理。因此，「究竟為什麼好笑？」的問題便替換成「誰笑了？」看著黑人裝扮發笑的人，都是將自己與什麼群體視為一體的人？而不笑的人，又是處在什麼位置的人？

湯瑪仕．福特（Thomas Ford）與其研究團隊，以「解除內在偏見封印」的說法解釋具貶低意味的幽默[9]。即使人們對特定群體存在負面偏見，通常也會礙於社會規範而無法展現。然而，當有人拋出具貶低意味的幽默時，便自然形成「任意歧視也無妨」的氛圍。結果，原本的規範因此變得鬆散，人們也隨著偏見的輕易表達，而開始容許歧視或做出歧視言行；這項解釋被稱為「偏見規範理論（prejudiced norm theory）」[10]。

幽默，擁有將禁忌領域的門閂瞬間解開的效果。脫序的行為大可高舉「幽默」的旗幟，以「好玩、開玩笑」之名得到容許。過度認真看待輕鬆的對話，反而還會被視作不適當。正因為這種行為跨越了禁忌的領域，挑戰權力的諷刺才變得可能，社會也才願意承認其價值[11]。然而，一旦禁忌的門閂是朝向弱勢解開時，便開啟了一場殘酷的遊戲。

近來在韓國社會熱議不斷的關鍵字「仇恨言論（hate speech）」，已成為直指弱者們的文字遊戲代表。主要透過網路社團和入口網站的留言，廣泛傳播對特定群體的歧視性字眼。以「屎南亞」（東南亞人）、「屎洞蟲」（男同性戀）、「給食蟲」（兒童、青少年）、「假牙蟲」（老人）、「媽蟲」（媽媽）等，出現各種將人比喻成「蟲」或「屎」的非人格化詞彙。彷彿「無論是什麼，只要好笑就沒關係」似地，解開了針對群體的偏見與仇視的封印。

這種「遊戲」的殘酷性，尤其存在於行為者與受者間的差距。站在受者的立場，當說出「那是貶低！」時，而行為者回以「我無意貶低」的陳腔濫調，正是源於這段差距。假如無意貶低，那有意什麼？原本的意圖，很多時候其實是為了搞笑。《尋笑人》的黑人裝扮事件，同樣也是為了搞笑。通常是為了所謂的「搞笑欲望」，或引起對方興趣以營造氣氛的言語。

2018年12月，共同民主黨代表李海瓚在全國身心障礙人士委員會的成立典禮暨委任狀授予儀式的活動現場，或許也是基於上述意圖才會做出如下發言。他在致賀詞途中，發表了「看政治圈的人說話時，經常覺得有很多讓我懷疑『那是正常人嗎？』的精神障礙者」的言論。隨即引來「這是在貶低精神障礙人士的發言」的批判。後來，李代表即以「雖然我無意貶低身心障礙人士，卻可能因此造成誤會」致歉[12]。對李海瓚代表而言，無意貶低身心障礙人士的發言，看起來似乎適時適地——因為做出這番言論的場合是身心障礙人士委員會的活動現場，而他正在致賀詞。社會大眾反而應該認為「這是藉由幽默在討大家歡心」才更合理。

然而，「政治圈有很多精神障礙者」的幽默，並不好笑；這裡指的是對以同理心將自己與身心障礙人士一體化的人來說。那麼，誰笑了？或許，這番言論是廣泛適用於政治人物之間的幽默也說不定。太過熟練於貶低自己的政治人物們，大概未曾感知這段話一下子貶低了所有身心障礙人士的事實。萬一真是如此，這裡還存在一個更根本的問題——政治人物們之所以無從感知幽默中的貶低，證明了他們將身心障礙人士視作事不關己或毫不重要的一群人。

「殘酷性，源於行為者與受者間的極大差距。」如同戈登．霍德森（Gordon Hodson）與研究團隊在其研究中提及，太過輕鬆地認為「玩笑就只是玩笑」的想法本身，與社會排斥弱者和視而不見的態度有關[13]。當以幽默、玩笑、揶揄之名貶低某個他人來搞笑時，這個「他人」即是遭受嘲弄與蔑視。於是，對特定的人們來說，這個「他人」便反覆成為「捉弄也無妨」的箭靶。這就是為什麼你我必須審慎思索自己究竟是踩著誰發笑的原因。

■ 稱呼的權力

具貶低意味的幽默，除了不分地位高低，也可能針對各式各樣的人。不過，其影響對所有人來說並不相同。首先，不論地位高低，貶低自己或視為與自己一體化的群體，對任何人來說顯然都是不悅的。差別在於，有些群體更容易被利用成具貶低意味的幽默素材，有些群體卻不然。舉例來說，相對於很少被拿來當作玩笑或揶揄素材的消防員，貶低外籍移工的詞彙卻難以數計；儘管不是沒有針對政治人物的貶低字眼，但其數量遠遠比不上日常用來貶低身心障礙人士的言論。

人們堅決反對某些幽默。在極右傾向網路社團的當日精選中，嘲諷世越號的罹難者為「魚板」的發文，引來不少人的憤慨與抵制；相反的，面對某些幽默卻熟悉地認為不存在太大問題。用來矮化身心障礙人士的「殘廢」、「智障」等詞彙，聽來雖不令人愉快，卻也不至於完全放棄在日常生活中使用。某些幽默，甚至被積極地用作遊戲。關於是否以嘲弄特定群體為遊戲素材一事，人們顯然抱持不同的感覺。

我們是對著誰笑？透過湯瑪仕．福特等人的實驗，顯示人們面對具貶低意味的幽默時，會依據對特定群體的社會價值觀而做出不同反應[14]。基於對恐怖分子或種族歧視主義者等群體理應接受社會批判的共識，透過找出貶低他們的幽默以呈現潛在偏見的效果並不大；相反的，面對像是穆斯林、男同性戀、女性等社會上正、反面態度並存的群體時，由貶低他們的幽默表現被壓抑其中的偏見，效果更為顯著。

恰如意味福特等人實驗結果的論文題目，即便使用同個含貶低意味的幽默，其影響「非所有群體皆相同（Not All Groups are Equal）」[15]。關於穆斯林、男同性戀、女性等屬於受社會歧視的弱勢群體的貶低影片或節目，可以極具效果地表現潛在偏見。因此，營造歧視的效果也很大。學者們透過論文強調，對弱勢群體開玩笑絕對不是輕鬆的遊戲，並且具有促進歧視的力量。[16]

由於針對特定群體的社會評價會因社會脈絡而有所不同，幽默的影響自然也不同。２０１８年，韓國行政研究院以全國年滿19～69歲的８０００名男女為受訪對象，做了一份關於「對性少數群體的社會包容度」調查。當問及個別性少數群體時，49・０%的受訪者對同性戀者，12・６%的受訪者對脫北者，５・７%的受訪者對外國移民、移工，回答「完全無法接受」[17]。韓國社會對這些弱勢群體所謂「幽默」的玩笑不會結束，且將偏見擴大至歧視的可能性也很高。

倘若對少數群體的潛在抗拒會透過仇恨言論被釋放，那麼近來的韓國社會即可見這些赤裸裸的景象。隨著偏見經由氾濫的嫌惡詞彙變得加倍自由地流通，正當化的歧視也形塑成為「規範」。這種現象，與現實上對於「平等」的規範模糊存在關聯。所謂幽默，是寄生在沒有明確規範「不能做出歧視言行」的狀態。在社會確立反歧視法的規範前，只會持續表現與擴大藉由幽默貶低他人的欲望。

為了避免具貶低意味的詞彙問題，有時社會會改以其他用詞替換。例如以「身心障礙人士」取代「殘障」、「殘廢」，以「單親家庭」、「隔代家庭」取代「破碎家庭」，以「多文化家庭子女」取代「混血兒」等方式導正改善。取代這些既有詞彙的新詞彙，蘊含讓你我反省無意識間藏於用詞裡的偏見與烙印的意義。然而，替換用詞並不會讓烙印完全消失。恰如「身心障礙人士」、「多文化」等用語再次成為隱藏烙印的具貶低意味詞彙般，只要對該對象的貶低心態沒有消失，儘管改變了用詞，無法抹除的烙印，終有一天仍會重新復活。

於是，特定少數群體甚至會默默將烙印再挪用（reappropriation）成附著在自己身上的用詞。索性主動地用作稱呼自己的用詞，施行賦予積極意義的戰略[18]。具代表性的詞彙，便是用來指稱性少數群體的「酷兒（queer）」。原意為「怪異」的酷兒，本來是用來嘲諷性少數群體的用語。然而，性少數群體卻將這個用語挪用，原封不動地保留「怪異」的原意，並宣言「怪異不是壞事，而是既獨創又多樣的展現」，反而成為了引以為傲的特徵。[19]

如同在韓國被稱為「酷兒文化節」的性少數群體慶典一樣，「酷兒」一詞現在已然成為性少數群體的專有用詞。由於「酷兒」變成性少數群體的挪用詞彙，從前用作貶低的效力也隨之消失。非性少數群體於是失去了原本隨意規範與稱呼性少數群體的武器。就像「我們是酷兒，習慣我們的存在吧！（We are queer. Get used to it!）」的口號，不僅挑戰了語言的權力與偏見，更是推翻原有意義的運動。

女性身心障礙人士人權運動團體「女性身心障礙同理」曾嘗試以2018年發表的「不符時代的殘廢政治」口號，推翻「殘廢」的烙印。讓我們一起看看「女性身心障礙同理」機構如何解釋這個口號——「對正常與成長存疑，重寫依存與團結的意義」。

> 以身心障礙人士為首，我們會記住將「不符任何時代的存在」歧視為「殘廢」的烙印。我們拒絕一直以來必須以「殘廢的存在」活下去、以命運為名的暴力，並決心從此重新創造「殘廢」的意思。縱使社會與國家歧視與排斥無法完整作用、沒有自救能力的人，「殘廢的政治」卻也因此萌芽綻放。我們會與置身相

> 同境況的少數群體合力，對正常與成長存疑，重寫依存與團結的意義。[20]

話雖如此，但不表示現在又可以再用「殘廢」一詞稱呼身心障礙人士。唯有在挑戰長久以來的烙印，並且將其視作值得百分百尊重的存在，協力重寫「身心障礙人士」意義的運動中，才被允許使用這個詞彙。這也是為什麼很難在無數關於少數群體的形容詞裡，條列清單什麼用詞能被使用、什麼用詞不能被使用的原因。

這是如何稱呼一個人的權力。可以使用「隨便」的玩笑嘲弄某人一事本身，即已說明了一個人的社會地位與權力；相反的，面對自己非自願地被貼上標籤的經驗，便是讓少數群體確認自己的社會地位與無力狀態。你正在被自己願意接受的方式稱呼著嗎？你正在用他人願意接受的方式稱呼著嗎？你擁有多少稱呼權力，又是如何使用呢？

■ 沒有反應的反應

如果將幽默理解成與社會權力相關的話，便能推斷出幽默擁有的力量差異。地位高的人對地位低的人做出具貶低意味的幽默時，對受貶低的人的生活，會產生實質的重大影響；反之，地位低的人對地位高的人說出具貶低意味的幽默時，話者在當下感受到紓壓的精神宣洩效果則較往常來得大。多數與少數、教師與學生、雇主與受雇者、上司與下屬、男性與女性、原住民與新住民等，在多樣的權力關係中，幽默的影響也各有不同。

忽略這層權力關係，單看兩個族群間「相互貶低」的比重，便會產生誤會。試著思考一下引發激烈爭議的「泡菜女」與「韓男蟲」。就以貶低所有人為目的而使用的這兩個詞彙來說，「泡菜女」與「韓男蟲」都不是可取的用語。兩個用語都是以侮辱某個群體的所有人為目的，因此不符合任何人都應該受到尊重的人權大原則。

然而，卻不能因而將兩個具貶低意味的用語，其中所涵蓋的社會脈絡混為一談。「泡菜女」，意指「奢侈無度，對男性造成傷害的存在」。這句話蘊含的是，女性不符合男性認為的「正確」行為，意即女性必須展現出符合男性期待的模樣。換句話說，表現得端莊、簡樸才被視為正常的這個用語，源於受壓迫的角色規範。至於「韓男蟲」，則沒有女性要求男性需符合特定角色規範的意涵；就女性立場而言，這種現象反而比較像是「我同樣也能嘲諷你」，作為稱呼的權力使用。

因此，「泡菜女」與「韓男蟲」的爭議，超越了單純的用語問題，而必須將其解讀為更深層的社會性別歧視構造之重大變革。女性、身心障礙人士、性少數群體等，在歷史上曾受壓迫的族群在爭取平等的過程中，都會反覆發生這種現象——在為了維持既存的壓迫而生成的貶低用語，以及為了對抗既存權力而出現的貶低用語間形成的對立。假設以「雙方都不對」的兩者皆錯論作結，便解不開這個難題。社會必須確立清晰的觀點，才能在想廢除不平等或想維持不平等力量間的針鋒相對中，朝著平等的方向去解決問題。

生活常用的貶低用語與各種表達方式，正因已成為了日常，而變得加倍難解。當熟悉了經常重複的錯誤後，很難再一一針對三番兩次發生的事做出反應。尤其是面對以幽默為出發點的言語，當然也不易用嚴肅的態度對應。由於偽裝成幽默與玩笑的貶低用語，保有「輕鬆的性質」，反過來說，即是擁有了「無法輕易被挑戰的強大力量」[21]。這類的言語攻擊，將猶如一把匕首飛來，插入人內心最為根本的部分；與之相反的是，太難解釋為什麼一句話會變成問題，而解釋的時機也太過短暫。我們始終只能在說不出話的狀態下，錯過轉瞬即逝的解釋機會。

以前在某個飯局上，我和一位法律事務所的元老級律師同席。他對著包括我在內的法學院學生們，用愉悅的語調高聲說道：「女生會讀書沒用，男生會讀書才能做大事。」一坐在他身旁的學生們對這番話皆爽朗地一笑置之，而我也是。回家路上，當我回想起那件事時，才點燃了遲來的憤怒。我有多氣那個元老級律師，就有多氣在那個場合笑嘻嘻的自己。於是，我決心不再為這種話而笑。如果沒有提出問題的應變能力，我想，不在那種情況下露出笑容，是自己起碼能做到的消極抵抗。

不過，有個顯而易見的事實——幽默的重要屬性之一，是由聽者的反應左右成敗。因此，「誰沒笑？」這個問題的重要性等同於「誰笑了？」正如《尋笑人》的黑人裝扮事件，當出現了不笑的人時，那個幽默便已遭到淘汰。光是不為貶低或嘲諷某人的玩笑話而笑，就已經表達了「這樣的行為並不妥當」。為了讓這種玩笑不能成立，至少要以面無表情來表示自己消極的反對。

第5節—

「歧視是公正」的想法

■食用油禮盒、女士、證件繩

在電視劇《未生》（2014）中，張克萊（任時完飾）在公司收到的賀年禮是「食用油禮盒」。收到賀年禮，自然沒有理由心情不好。只是，擺在其他員工座位上的卻是「火腿禮盒」。公司給了約聘員工食用油禮盒，卻給了正職員工火腿禮盒。看見這一幕，觀眾們統統被籠罩在微妙的情緒中。明明是禮物，竟絲毫不覺開心。收了禮物後，受歧視的悲憤反而更甚於喜悅。為了一點都不重要的事受歧視的感覺，才更委屈。

若深究食用油禮盒與火腿禮盒的費用，差距約為韓幣1～2萬元。這說大不大，說小不小的費用差距，為什麼竟足以讓人感覺委曲？而且還是一份「禮物」？為了如此「細微」的歧視而感覺受傷，著實令人摸不著頭緒。如同會使問題「細微化」而變得難以對應的幽默（參照第4節），面對諸如此類的日常「細微」歧視同樣不易對應。於是，陷入了「明明知道某個地方出錯了，卻無法言喻」的困境。

水原的某社區活動中心，將女性約聘勞工稱為「女士」。雖然乍聽之下是尊稱，細看其中脈絡卻不是如此。由於不能統一以稱呼正職公務員的「主管長官」來稱呼約聘人員，所以才創出這個稱謂。年紀小的話，便稱為「～小姐」；對年紀大的男性，則稱為「～先生」。問題在於面對年近40歲的女性時，無論是「～小姐」或「～先生」似乎都不太適當。於是，水原市人權中心判定「女士」這個稱呼，是貶低非正職人員的不合理歧視[1]。

因此，水原市必須尋找其他稱呼。當時的中央行政機關與地方政府，有些單位不特別區分正職與約聘人員，統一以「主管長官」作為稱呼，有些單位則另外以「業務專員」之類的名稱來稱呼約聘人員。水原市在「主管長官」與「業務官」兩個方案間陷入苦惱。約聘人員們偏好統一與其他公務員一起使用「主管長官」，但水原市卻選擇使用「業務官」

作為區分。最後，再次掀起批評聲浪。難道從來沒有預料過會引起批評嗎？為什麼非得區分稱呼？看起來應該是握有決定權的人無法一視同仁地看待約聘人員與擁有退休保障的正職公務員[2]。

某些公司因為會以辨識證件套繩的顏色區分正職與約聘人員而造成爭議。透過「正職人員紅色，約聘人員綠色」、「正職人員藍色，約聘人員灰色」等方式區分兩者，讓人可以一眼辨識出誰是約聘人員。固然有些公司的正職與約聘人員的識別證並無差異，卻也有不少公司為了區分約聘與正職人員，如上述般使用不同顏色的證件掛繩，或改以臨時通行證取代員工證等派發其他證件的做法[3]。

食用油禮盒、女士、證件掛繩，統統都是用來區分正職與約聘人員的方法。為什麼想區分？其中「食用油或火腿禮盒」的情況，或許是因為財政上的受限，基於節省費用的目的；但「女士」與「主管長官」的稱呼，以及證件掛繩顏色的情況，則不存在費用上的差異。在沒有任何經費的考量時，依然刻意將人做出區分。這種區分，便是有目的的區分。

■「歧視是公正」的想法

首先，讓我們思考一下食用油禮盒與火腿禮盒的情況。假設一間規模大且經費短缺的公司，面臨支付員工賀年禮物的預算有限時，該怎麼辦？派發禮物的方式有數百種，可以按照職等、年資、已婚或未婚、性別、業績等，訂定不同標準給予不同禮物。當然了，還有最簡單的方法——給所有人一樣的禮物。

在《未生》中，正職與約聘人員分別得到了不同的禮物。這件事很難僅被當作電視劇的橋段看待的原因在於，正職與約聘人員間在現實生活中的歧視範圍之廣泛可不只賀年禮物。韓國勞動研究院根據統計廳「經濟活動人口調查」的分析結果[4]，顯示約聘人員的薪資僅達正職人員的64～65%；約聘人員獲得國民年金、勞保、健保、退休金、獎金、加班津貼、有薪假、教育培訓等保障的比例為24．4%～45．6%，連正職人員的一半都不到。雖不是只要是正職人員就能獲得所有優惠，但與正職人員相比時，約聘人員受保障的比例顯然較低。

為什麼偏偏要費心思歧視正職與約聘人員呢？將歧視正當化的常見理由之一是：「因為資源有限」。其實，單憑這個理由根本無法正當化歧視。既然資源有限，為什麼不平均分配，而是派發較好的禮物給正職人員這點，似乎需要更充分的解釋。若想正當化這個歧視，那就不該只用資源有限的理由，而是必須說明究竟是什麼樣的合理理由導致分配資源的優先順序有所不同。

某些人以「歧視是公正」作為解釋；意即歧視是更為正確且道德的行為，所以理應歧視。舉例來說，這句話彷彿是認為：「不可以一起評價認真工作得到好成績的人與態度始終不認真的人」。在分組作業搭便車的組員，本來就不能與其他組員得到相同待遇。這些人認為所謂正義，不是同等對待所有人，而是該以當事人的實績給予差別待遇。

就「一樣就一樣」、「不一樣就不一樣」的待遇理論來看，派給約聘人員較正職人員低價禮物的原因、不能統一稱呼約聘人員與正職人員為「主管長官」的原因、非得靠掛繩顏色做出區分的原因，其實很簡單。正職與約聘，打從一開始就不一樣，因此才會得到不一樣的待遇。理應按照能力與努力給予不同待遇的想法，是站在功績主義的觀點才會看見的公正與正義。

功績主義（meritocracy），是種「人人有實力，只要肯用心就會成功」的信念[5]。由於堅信任何人都能透過努力與實力攀上高位，因此將社會地位低的責任完全歸咎於未盡全力的個人；只要讓所有人都有機會爬上階層的梯子，便是平等的社會。如果根據功績主義，階層存在的事實，意即不平等的結構根本就不是問題。反而因為「在競爭中付出多少努力就有多少回報」的信仰，認為給予差別待遇的社會才是正義。

從功績主義的觀點來看，許多不平等看起來都是正當的。儘管本人就置身不利的位置也是一樣；身為女性，就算在職場遭受不合理的待遇，也會認為是自己的能力不足，因而默默允許自己身處於該種狀態[6]。面對自己認為既沒實力又不努力的群體，同樣只會覺得任何不利都很合理——當「無家可歸的人都討厭工作」、「東南亞人都很懶惰」、「身心障礙人士都很無能」、「肥胖的人都沒在自我管理」等關於否定能力的成見成形時，便會將隸屬其中的人視作「遭遇不合理也無所謂」的存在。

功績主義，是對「一分耕耘一分收穫」抱持希望的簡明、直觀的信念體系。於是，人們被支撐這個信念體系的話語所迷惑。出身貧寒的人成為一代英雄的故事，總是那般扣人心弦。因為信仰功績主義，所以對社會上達成某些成就的人格外尊敬。時不時想聽聽那些考上好大學、進入好職場的人的努力過程。相較於憤恨社會不平等，反而埋怨「階層間的梯子斷了」、「英雄得怕出身低」的世態。

就這些觀點來看，「憑著不屈不撓的意志過五關斬六將」成為正職人員的人，與「靠著少到不行的努力輕鬆成為」約聘人員的人，可能得到相同待遇嗎？即便兩人做著同樣工作，也會顯得獲得同樣待遇一事不公平。重要的不是兩人是否做著同樣的工作，或者實際上能力是否沒有差異之類的現有狀態。為了維持功績主義的龐大信念體系，無論如何似乎都必須在價值不同的兩人間做出歧視。

問題在於，功績主義真的是公平的規則嗎？

■偏向的功績主義

如果功績主義想成為真正公平的規則，須具備必要且重要的前提。首先，樹立如何判斷各種實力的評分標準，且必須對執行的人持不偏不倚的態度；選定的評分標準，不對任何人有利或不利，必須是對接受評分的所有人皆是相同條件才行；最後，則是他人的評分永遠是用來判斷個人實力的精確標準。這些前提有多符合現實？我們舉一個例子，一起思考看看吧。

2010年，一名即將大學畢業的聽覺障礙人士，向國家人權委員會提出陳情。他主張，某公司的招新錄取資格標準中，要求多益（TOEIC）成績達600分以上，或同等標準的英文成績一事，是種歧視。滿分為990分的多益測驗，是由495分的聽力測驗與495分的閱讀測驗加總計算。聽覺障礙陳情人由於無法參與聽力測驗，根本不可能得到600分以上的分數。在這個情況下，如果特地在錄取標準為聽覺障礙人士降低某一年的多益分數，結果會是如何？如果改成300分，是否就是公平的錄取標準？

假設這是間相當受歡迎且有許多人申請報考的公司，想必所有申請者都會認為這項標準不公平。非身心障礙人士為了在困難的聽力測驗拿到好成績，投入了無數金錢與時間苦讀，沒有這麼做也能達標的聽覺障礙人士因而被視作不公平的存在。透過這種標準進入公司的聽覺障礙人士，勢必也不會在公司接受到多善意的目光。「不符資格的人獲得了特殊待遇」，儘管表面上沒有表現，也一定有內心對此不以為然的人。

究竟該怎麼做才對？所有人都得一致達多益600分以上才算公平？既然如此，若一開始就不讓聽覺障礙人士參與申請，是否就是正義呢？抑或是為聽覺障礙人士與非聽覺障礙人士訂定不同的多益分數標準，好讓聽覺障礙人士也能參與申請才是正義呢？針對這些問題做出即時答覆時，可能會因受訪者是否為聽覺障礙人士而有所不同。換句話說，通常都會認為對自己有利的方法較公平。

在這種情況下，用來判斷什麼是正義的有效方法是由約翰．羅爾斯（John Rawls）提出的「無知之幕（veil of ignorance）」[7]。假設完全不知道自己究竟處在是貧是富、是男是女、具備多少能力或才華等條件下，當必須決定社會秩序時，才有辦法脫離個人的理解關係，找出對所有人都正義的規則。在以多益分數決定錄取與否的情況裡，如果在不知道自己究竟是不是聽覺障礙人士的狀態下，你會採用什麼規則？

假如多益成績是該業務不可或缺的能力，便不能將這項標準定義為不合理。既然如此，讓我們試著這樣問吧。多益成績600分是公司計劃徵才的業務領域的必備能力嗎？錄取英語聽力測驗與閱讀測驗的成績皆優的人，是對該領域來說很重要的條件嗎？舉例來說，若徵才的工作領域是英文同步口譯師，自然可以毫不猶豫地回答；若不是，而是在國內負責公司企劃、技術開發、系統維護，答案又是如何？

針對這個問題，國家人權委員會判定英文聽力測驗並非該徵才領域的職務必要能力，認為該職缺的核心業務為企劃、發掘服務、技術開發、網路與系統維護，與英文相關的傳達溝通僅是附加能力。新進員工的業務預定範圍也限於國內，而非國外。有鑑於使用英文的傳達溝通不是實質需要的能力，因此判定以這個理由不合理地對待聽覺障礙人士，即是違反了《反歧視身心障礙人士與全力救濟等相關法律》[8]。

如果至此仍對身心障礙人士適用不同錄取標準一事耿耿於懷的話，不妨再進一步探究更根本的問題。起初之所以出現諸如此類的問題，原因在於制定評分標準時，完全沒有考量到身心障礙人士。或許制定評分標準的人、評分的人，統統不是身心障礙人士，在他們想像的報名者中沒有身心障礙人士。就算需要懂得使用英文傳達溝通的能力，卻未曾站在聽覺障礙人士的立場思考對應方法。這是百分百以非身心障礙人士為中心所設計的能力標準與評分標準。

統一適用所有人的標準看似公平，結果卻成了歧視。在書記官的考試中，就算給予所有人一樣的題本與答案紙、考試時間，對視覺障礙人士便屬不利[9]；在烘焙技術考試中，若不能一併替所有人安排手譯師，對聽覺障礙人士便屬不利[10]；在公務員筆試中，若不能允許所有考生一起使用代筆，對腦病變障礙人士便屬不利[11]。這些都是統一適用所有人的標準反而造成某些人不利的「間接歧視（indirect discrimination）」的例子。

在我前往留學的某所學校裡，有項政策是提供較規定更長的考試時間，給來自非英語圈的學生[12]。就我的記憶，是多給了1．5倍的考試時間。由於是法學院，語言固然重要，但基於判斷需透過考試評價的不是英文實力，因此才有了這項政策。幸虧這項規則，來自非英語圈的留學生們才不會因為英文而早早放棄考試，或發生老是拿到最低分的事。

如此一來，當面對用作判斷你我實力的許多標準時，或許都該嘗試懷疑是否偏向對某些人有利、對某些人不利。求職時，多益分數的必要條件是什麼？除了聽覺障礙人士外，是否就是毫無問題的公平標準？儘管不是必要的業務能力，大部分公司也都要求偏高的英文成績，那麼對於容易接觸英文的社會階層或具備特定學歷或出身學校的人，是否就能獲得有利的效果？

功績主義的體系，是由因能力有限而不可能不偏向的人類所制定。盲目相信功績主義的人們，卻忽視了這點。只要是人，都會依循個人經驗、社會與經濟背景等因素，偏向某個方向或擁有偏向的觀點。重視哪些能力，又該以哪些方法評斷這些能力等判斷，已經是促進偏向的決定。透過這種經選擇的方式判斷能力時，出題者的偏向便成為有利於一些考生，卻不利於另一些考生的行為。

客觀來看，甚至連在業績評分制度中，也仍有人類偏見的介入。艾米利奧．卡斯蒂利亞（Emilio J. Castilla）分析以經標準化的業績評分制為基礎管理年薪制度的某大規模公司，8800多名自1996年至2003年任職該公司的員工的數據[13]。分析結果顯示，即使獲得相同的業績評分，女性與少數種族員工的薪資調漲幅度，依然較白人男性員工低；即使獲得相同的業績評分，卻因上司擬定了較低的薪資調幅，而出現差距。結果，單憑客觀的指標與經標準化的系統，根本不能讓不平等消失，且過程仍可見偏見的介入。

然而，鼓吹功績主義的人，始終認為自己是客觀、公平地行動。卡斯蒂利亞與史帝文．班納德（Stephen Benard）做了一項關於「褒揚功績主義的人其行為實際是否更公平」的實驗[14]。假如他們是真的公平，理應替業績相同的男女員工擬定相同的功績酬勞。只是，實驗結果並非如此。褒揚功績主義的人，擬定了對男性較優渥，對女性較微薄的功績酬勞。諷刺的是，不褒揚功績主義的人，反而還出現對男性沒那麼友好的傾向。

褒揚功績主義的人竟然更不公平？為什麼？因為錯覺了自己不偏向。當人們相信自己是客觀且公平時，便會強化自己的確信，做出更加偏向的行為[15]。於是，偏見成了一匹脫韁野馬。在班諾．莫寧（Benoît Monin）與戴爾．密勒（Dale Miller）的實驗中，也顯示曾因性別歧視的言論引起爭議，並有機會澄清自己不是性別歧視主義者的人，反倒會更肆無忌憚地顯露偏向男性的行為[16]。基於對「自己是公平」的堅信，使行為變得更加偏向的現象，卡斯蒂利亞與班納德將其稱為「功績主義的悖論（paradox of meritocracy）」[17]。

無論要判定何種能力，評分的人始終存在偏向，經選定的評分方式很難對具備多樣條件的所有人都公平。再加上，評分往往存在錯誤。考量諸如此類的限制時，單憑任一種評分結果決定一個人的順位是很危險的。而且當這種評分標準因有別於人道待遇或留下永久的烙印，進而對未來產生影響時，無疑變成了既不公平又不正義的事。

■能力不是唯一，也不是全部

能力不是唯一，也不是一個人的全部。只是，究竟從何時開始有了使用特定評分標準評價、判斷一個人的習慣呢？包括我在內，許多人記憶中在童年時期遭受到的第一個歧視經驗，便是老師對成績好的學生的偏心。成績好的學生不僅深獲老師的信賴，就算犯錯了，也能輕易得到原諒，至少不必受到嘲諷或侮辱；且老師總是能記得這些學生的名字，並給予關心。在我以前就讀的高中裡，甚至還會在冬天時單獨集合成績好的學生，然後只開暖爐給這些學生取暖。

結果，索性將這種偏心制度化。2009年，國家人權委員會收到了一份關於「高中採取成績分班制，對成績差的學生是不合理歧視」的陳情。學校根據學生的成績，實施編排「普通班」、「特別班」的制度。各有7個班的二年級與三年級，分別由4個普通班與3個特別班組成。接著，又於上學年按成績將1～60名的文組學生與1～30名的理組學生編至特別班後，再將剩下的學生編至普通班。

學校方面主張「這項制度是按照學生能力分班」，並表示「配合學生的能力授課，是重視需求的理性教育課程」。不採用劃一的教育而是配合學生的個別需求，或許真的是個好方法，但若學校方面的主張正確，那麼能力分班制對普通班與特別班的所有學生來說，理應是個大家都滿意的教育制度才對。事實真是如此嗎？

國家人權委員會針對普通班與特別班的學生做了一份問卷調查。調查結果令人相當震驚。相對於88・9％的特別班學生對特別班表示滿意，78・5％的普通班學生則對普通班感到不滿意。固然不是所有特別班的學生都滿意，或所有普通班的學生都不滿意，但從壓倒性的高比例來看，能力分班制顯然對特別班的學生較有利。能力分班制，並不是對所有人都有利的制度。

能力分班制也不是重視需求的教育制度。老師們不太關心普通班的學生。相較於特別班，不僅對普通班顯露輕視的態度，甚至還說出「反正是不讀書的學生，放著不管就好」的話。學校將指導入學考試經驗豐富的老師優先分配至特別班。另外，特別班也享有獨特的優待，例如學校只給特別班書面資料，或是只給特別班課外輔導的機會。不同於漸漸變得怯懦且感覺被冷落，因此籠罩在「放棄讀書」氛圍裡的普通班，充滿信心的特別班則是沉浸在「專心讀書」的氛圍。

「成績不同，理應使用不同方式對待」的想法，存在誤解。所謂的「不一樣就不一樣」，真正的意義是「當不考慮每個人具備的多樣條件而給予統一對待方式時，便會出現不公平」。恰如要求聽覺障礙人士的英語聽力能力一樣。倘若抱持的想法是以成績作為統一評分標準，按照順位區分優等與劣等，然後將尊重與資源分配一方，將輕視與剝奪分配給另一方，情況自然就會變得相當棘手。獎勵超越了合理的標準，由贏家獨佔所有機會與尊重，輸家承受所有誣衊與排斥的方式，既不公平也不正義。

經國家人權委員會判斷，這所高中的能力分班制是與使用教育設備毫無關聯的無理歧視行為。

實際上，僅印發書面資料給特別班等行為，或許真的對普通班毫無助益。問題在於，在敏感於諸如此類微小差別的青少年時期，產生了肉眼看不見的歧視意識，並對普通班的學生種下劣等的自我形象一事，是非陳情人與非陳情學校所視而不見的。（……）特別班的學生提及滿意特別班的理由：「營造學習氛圍」，即可視為非陳情人與老師們對特別班投入更多關注與協助學習的結果。因此，應該

在考量所有學生的能力與特質後，再提供實質且均等的關注與學習資源。[18]

2017年，由韓國青少年政策研究院推行的人權實際狀況調查中，有28．3%的兒童與青少年表示「自己曾有過因為『不會讀書』而受歧視的經驗」[19]。於是我再次感到恐懼。究竟我們是否透過教育學會了不公平的功績主義，因此才打造了一個專門做出不合理區分的不公平社會？

第6節— 被趕走的人

■兩個城市的故事

1964年12月，美國出現了一個重要的判決。下文是該判決的節錄，亞瑟·高柏（Arthur Goldberg）大法官在協同意見（concurring opinion）中，引用了參議院通商委員會意見書的內容。究竟發生了什麼事？

民權法案的主要目的，即是解決因遭拒絕同等使用公共設施的瞬間，導致個人尊嚴受到損害的問題。歧視不是單純的紙鈔或銅板，漢堡或電影的問題，而是當以種族或膚色為由，而向某人表示無法將其接受為共同成員時，當事人自然感覺到蔑視、挫折、羞恥的問題。[1]

１９６４年夏天，美國南部亞特蘭大州的某旅館老闆拒絕接受黑人客人，並且抱持著「過去不想接受，未來也不打算接受」的想法。然而，國會通過了《民權法案（Civil Rights Act）》。根據這項法案，不得因種族、膚色、宗教、出身國家歧視或隔離客人。旅館當然也得遵守這項法案。對此，身為旅館老闆兼律師的摩頓．羅雷斯頓（Moreton Rolleston）無法接受。１９６４年７月２日，就在《民權法案》通過不過兩個多小時後，羅雷斯頓便親自提出訴訟。

羅雷斯頓主張「業主擁有按照自己的意願選擇客人，以及自由營業的權利」。他認為國家限制營業自由一事，是侵害私有財產的行為，並表示不應強迫業主服務不願接受的客人，因此反對《民權法案》。羅雷斯頓向國家申請美金１１００萬元，換算成２０１９年的貨幣價值的話，等同於美金８９００萬元，約為韓幣１９６３億元的損害賠償[2]。他的理由是「自己因為這項法案，失去名聲與客人，導致事業破產」[3]。

以「亞特蘭大之心汽車旅館訴美國案（Heart of Atlanta Motel, Inc. v. United States）」聞名的這個案件，最終上訴到了聯邦最高法院。結果如何？假設羅雷斯頓勝訴的話，1964年的《民權法案》早已不存在了，而美國也會經歷更長的歲月維持在種族隔離的社會。聯邦最高法院以全體一致的判決駁回羅雷斯頓的主張。並表示不同意其因為無法歧視而造成損害的主張，且無關任何經濟上的損失，國會得制定反歧視的法律[4]。

2011年秋天，釜山某桑拿拒絕了P小姐入場。理由是：「膚色與長相是外國人」。P小姐對此感到相當委屈。她向老闆抗議表示，自己雖然來自烏茲別克，但早已歸化成為韓國人。然而，桑拿老闆卻說：「就算妳擁有韓國的國籍，可是長相就是外國人，所以不能入場。」[5]P小姐撥打112報警後，警察於是出動前往現場。這個事件的發展又是如何呢？

桑拿老闆告訴警察：「因為她是外國人，所以可能有愛滋病」，並喊冤表示「客人們說討厭外國人來桑拿」[6]。他擔心自己一旦接受了外國客人，韓國客人便不再光顧了。結果，警察帶著P小姐前往另一間桑拿，並表示「老闆拒絕，警察也愛莫能助」。

在韓國，就算公共設施的老闆因種族、膚色、宗教、出身國家等理由拒絕客人，也不會受到任何管制。某些桑拿乾脆光明正大地打著「本國人專用三溫暖」的招牌營業[7]；某大型桑拿甚至還另外設置了專門給外國人使用的空間，並對此表示「因為有客人不喜歡和外國人一起泡澡，才特地弄了這個區域」[8]。保障任何人有自由拒絕客人的社會，與種族歧視主義者羅雷斯頓期望的社會，真的是正義嗎？

■拒絕了誰？

當然了，美國迄今仍存在種族歧視。位在紐約的某間麥當勞，曾因不滿許多韓國老人僅點售價美金1～2元的咖啡或薯條便長時間佔據座位，而報警處理[9]；位在費城的星巴克，也曾因為看到兩名沒點飲料的黑人青年在等人的模樣，而要求他們離開未果，便立刻報警[10]。

兩個事件一傳開後，隨即因「種族歧視」引發強烈的批評聲浪。然而，與前文提及的亞特蘭大旅館事件或釜山桑拿事件稍微不同的是，這兩個事件並沒有光明正大地以「韓國人」或「黑人」為由要求當事者離開。只是，假如換作是白人做出相同行為，究竟會不會得到一樣的對待呢？很明顯，幾乎不可能。儘管沒有以韓國人或黑人為由直接表現拒絕的態度，但就其源於種族偏見的行為而言，確實可以視作種族歧視。

相較於此，今時今日在韓國社會目睹的歧視即顯得相當直接。釜山桑拿的老闆，直接了當地以「外國人」為由拒絕客人入場。「本國人專用」、「外國人專用」，與黑白隔離時代的「白人專用（White Only）」、「有色人種專用（Colored Only）」沒有太大差異。在餐廳、夜店同樣發生過以「非洲人」為由拒絕入場，或是拒絕「巴基斯坦人、哈薩克人、沙烏地阿拉伯人、印度人、埃及人、蒙古人」進場[11]。

除此之外，還有很多拒絕的理由。隨著咖啡廳或餐廳因設立「No Kids Zone（無兒童區）」拒絕嬰幼兒、兒童入場引起了好一陣子的爭議後，不久又出現拒絕國、高中生入場的「No School Zone（無學生區）」。拒絕理由是：兒童的吵鬧會騷擾其他客人。至於拒絕青少年入場的咖啡廳，則將問題歸咎於「青少年的無禮言行」，並表示曾發生過數名青少年在店內合點一杯咖啡後，便長時間佔據座位而引起爭執的事件[12]。

「無身心障礙人士區」的情況又是如何？某間餐廳向獨自前往用餐的身心障礙人士表示「沒有座位」後，拒絕讓他入場。等到該名身心障礙人士依然選擇進入餐廳後，便立刻以「餐廳出現一名無法溝通的身心障礙人士且不願離開」為由報警[13]；另一間表明不接受聽障客人的餐廳，則拒絕受理訂位，並解釋是「因為以前與聽障客人發生過不好的情況」，隨後又補上一句「這和『No Kids Zone』一樣」[14]。

餐廳、咖啡廳、澡堂、電影院、遊樂設施等各種以大眾為服務對象的場所，絕對不可能敷衍由客人引起的問題。賣場站在管理的角度，要求客人遵守禮儀一事是理所當然的。拒絕某些客人的店家，一概以「特定群體有問題」作為解釋拒絕入場的理由。只是，一方面自認可以對客人要求禮儀，另一方面卻又以某些客人不遵守為由，索性拒絕特定「群體」，是否真的無妨呢？

試著回想一下在學校或軍隊裡，集體挨罵的記憶。就我來說，腦海中有不少因為同班同學做錯事導致全體受罰的記憶。這種時候，不是造成問題的當事人以外的人自然很委屈。換句話說，也就是毫無原因地受罰。站在當事人的立場，連累集體受罰後，還得承受緊接而來的找碴——只因被集體體罰的冤枉「受害人們」會開始報復當事人。一個班級約有數十名學生，其中至少有幾名是屬於做什麼錯什麼的人。就數字上來看，集體受罰無疑是只會一而再重演的日常。

集體體罰既是處罰毋須負責的人的不合理制度，也是對犯錯的人的過度懲罰。就法律層面而言，確實有些情況是需要為他人的過錯負連帶責任。舉例來說，當下屬做出違法行為時，上司便必須因為「疏於管理與監督」一併負責。不過，若不是這種關係的話，情況可就不一樣了。因為某個外國人、某個幼兒與青少年、某個身心障礙者有問題，就可以要求該群體的所有人一起負連帶責任嗎？

更重要的問題是，究竟「拒絕了誰」？關於所謂「奧客」的故事多不勝數。在徵求工讀生的網站「albamon」上，向２５０７名工讀生提問有關無禮客人的事，回應自己曾在經歷「被使用半語（韓文可分為敬語與半語，半語多用於對同輩或較自己年幼的人；有時亦有蔑視之意）命令時」（54・2％）、「丟、摔錢或信用卡時」（32・6％）、「要求做工讀生負責範圍外的事時」（28・2％）、「自己有錯在先，卻要求工讀生道歉時」（24・7％）、「無理取鬧，遷怒工讀生時」（15・6％）等，而感覺受傷[15]。這些都是理所當然該消失的行為。

然而，透過無兒童區、無學生區、無身心障礙人士區，是否就能解決這些問題？假如「奧客」是成年男性，是否依然會設立「禁止成年男性」的告示牌？假如「奧客」是鄰近大企業的員工，是否依然會設立「禁止〇〇企業」的告示牌，然後拒絕所有員工入場？上述情況實在很難想像。相反的，當面對外國人時，卻能「只是」基於討厭這個理由，便貼上「本國人專用」的告示。為什麼某些群體沒有特別做錯什麼就得被拒絕，某些群體就算個人發生問題，也不會因此成為整個群體的問題？

■排斥與隔離的機制

一般而言，商店老闆拒絕客人的事實屬罕見。哪怕只是多一名，也該是愈多客人愈好才對；意即客人愈多，利潤愈多。站在商店老闆的立場，會選擇拒絕客人而違反這項簡單的原理，便是在面對無助於利潤增加的人出現時——沒有能力支付費用，或是會妨礙其他（更多）客人上門的人。只要存在上述的任一理由，自然能輕易拒絕。一旦兩者同時存在，更是再簡單不過了；換句話說，即是「既沒錢，又被（有錢的）多數人嫌惡的人」。

如果商店老闆是以營利為目的，是不是無論做什麼都可以？並不總是如此。賺錢卻被法律禁止的行為不在少數。不能販售過期食品[16]、不能使用誇大不實的廣告[17]、不能無故拒絕退錢[18]……統統都是保護消費者的措施。既然如此，拒絕「沒錢又被多數嫌惡的客人」又如何？基於營業自由，所以坐視不理？又或者該基於公益加以管制？美國漫長的種族隔離史，正是始於「拒絕」。

直到1964年制定《民權法案》前，美國的法院認為在公共設施拒絕黑人並實行隔離是無所謂的事。1867年，費城法院於「西徹斯特與費城鐵路公司訴麥爾斯（West Chester & Philadelphia Railroad Co. v. Miles）」一案中，對種族隔離做出以下判決：「上帝分別創造了黑人與白人，因此造成情感上的不快，才會自然形成種族隔離。隔離，不是為了分辨優劣。假設種族間存在厭惡心理，為了避免紛爭與維護和平，得以隔離彼此。」[19]

受到諸如此類的理論鼓舞，美國國內開始毫無顧慮地擴大種族隔離。1870年代，美國南部制定《吉姆·克勞法》，強制透過法律實施種族隔離。於學校、餐廳、住宿、醫院、電影院、理髮廳等公共設施禁止黑人進出，並製作寫有「白人專用」、「有色人種專用」的標示，張貼在出入口、廁所、休息室、洗手台等。漸漸，連工作也隨之出現隔離的情況[20]。這項體制一直持續至1960年代為止。

歷史上惡名昭彰的1896年「普萊西對弗格森案（Plessy v. Ferguson）」判決，更是為種族隔離政策添上一對翅膀。在這個案件中，聯邦法院做出「隔離政策不是將有色人種視為劣等的政策。即使存在社會偏見與不平等，也無法透過立法解決」的判決；不僅表示「兩個種族在社會上的平等，是基於對彼此優點的相互認同，以及個人們自發性的協議，而自然生成的親近感」，以及在此之前「為了個人的舒適，以及維持公共的和平與秩序，保有依循既存傳統與習慣的自由」[21]。

儘管聯邦法院否認，但在普萊西對弗格森案的判決中，種族隔離顯然是為了「白人」的舒適。唯有維持白人至上主義，資方才不會拒絕國家插手強制實施種族隔離[22]。平等，無法根據「個人們自發性的協議」達成。原本聲稱無法透過立法解決的判決與不平等的問題，結果在1964年《民權法案》、1965年《投票權法案（Voting Rights Act）》、1968年《公平住房法案（Fair Housing Act）》的制定，才終於找到解決的曙光。

前文提及的旅館老闆羅雷斯頓，主張「《民權法案》的反種族歧視之營業管制是侵害私有財產權」。對此，威廉．道格拉斯（William Douglas）大法官在聯邦法院判決的協同意見中引用了參議院的報告，做出以下反駁：「限制私有財產反歧視一事，不僅不是限制自由，反而還是提升自由。」

> 私有財產制度，為了促進其終極目的，即個人自由，使許多情況受到限制。最關鍵的例子是廢除奴隸制度。奴隸曾被當作私有財產的物品。但若是將個人自由視為重要價值的人，任誰也不會因為解放奴隸而認為個人自由遭受破壞。[23]

以營利為目的的企業，理所當然會迎合視作主要客群的人的價值。然而，一旦為了附和其主要客群的偏見與嫌惡而拒絕、隔離特定群體，情況可就不同了。美國制定《民權法案》反歧視，即是建立了連企業也不得透過違反社會正義的方式追求利潤的原則。以大眾為營利對象所獲得的利潤，不能百分百將其主張為私有財產。同為社會一員的企業不分大小，皆有應該遵守的倫理與責任。

另一方面，在美國的故事裡，被視為極惡名昭彰、羞恥的種族隔離史，如今看來其實是始於瑣碎的「不悅情緒」。於是，根據如何以不同的方式處理這份情緒，寫成了不同的歷史。當聲稱無法控制對特定群體的嫌惡而隨心行動時，便會加深不平等。很遺憾的是，少了法律與規範，很難期待光是倚賴個人們自發性的協議就能達到平等。因此，不應該忽視你我維持不平等體制的情緒力量。

■以宗教之名

1959年，美國一名擁護禁止白人與有色人種結婚的法官說了以下這番話：

> 全能的上帝，創造了白人、黑人、黃人、馬來人、紅人等人種，並讓各自生活在不同的大陸。若不想妨礙祂的攝理，實無理由進行這種通婚。祂區分種族一事，即是表達了其不存在種族混合的意志。[24]

這是在由黑人女性米德芮·深愛（Mildred Loving）與白人男性理查·深愛（Richard Loving）這對夫妻提出訴訟的著名案件「深愛夫婦訴維吉尼亞州（Loving v. Virginia）」中，

一審刑事判決的內容。因為「結婚」而被判處一年有期徒刑的兩人，後以二十五年內不重返維吉尼亞州為條件換得二十五年的緩刑。這個案件最終上訴至聯邦法院，並於1967年在聯邦法院一致判決禁止種族間通婚的法律屬違憲[25]。

種族隔離，包括了宗教因素。由於種族的不同是上帝的攝理，將彼此隔離已屬恰當，結婚更是不被允許的事。根據基督教的教義，不幸將會降臨在經由違反創造攝理的「不自然」婚姻誕下的子女身上[26]；就連反對種族歧視的人，也認為「結婚」是不可行的[27]。

某些歧視會以宗教之名提出要求。有時，不同的宗教皆會以教義為由，讓種族歧視或性別歧視變得正當化。這些人認為，「不是不得不的歧視，而是非做不可的歧視」。原因在於，在這些教義中，歧視不是壞事，而是神聖的秩序。然而，隨著時空流轉，教義的內容也會出現變化。恰如今時今日的美國基督教，也已不再擁護種族歧視一樣。

近來韓國社會高舉「宗教」旗幟的炙熱爭議之一便是同性戀、同性婚姻。在聖經裡，同性戀是「罪惡」行為，同性婚姻則違逆了「創造攝理」。如果用更完整的說法，即是蘊含了「儘管表明自己愛同性戀者，只要藉由信仰，就能治療這種『愛』，讓同性戀者不再是同性戀者」的意義。站在這項觀點，實在很難接受人的性取向（sexual orientation）與性別認同（gender identity）的多樣化，以及每個人的「原有樣貌」都理應受到尊重的原則。

當宗教理念與反歧視的原則衝突時，該怎麼辦？這個問題，早已在種族歧視史、性別歧視史、性少數群體史上經年累月地重演。縱使到了未來，或許也依然是個不見盡頭的問題。內含僵化階級秩序與排他性的教義，只會無止境地衝撞反歧視和應該尊重多樣性的人權大原則。

只是，從歷史層面來看，宗教理念並不總是朝著歧視少數群體的方向運作。基督徒們在廢除奴隸制度上，扮演了相當重要的角色；美國的天主教會也曾為了支持種族間的通婚，向最高法院提出意見書[28]；在韓國，反對歧視性少數群體的佛教，也曾為此舉辦相關活動。陪伴貧窮、弱勢的人一起分擔困難，是許多宗教一直以來所捍衛的共通價值。能引起爭議，卻也能帶來和平的宗教，長久影響著人類的生活。

歷經漫長的歷史後，人們才領悟在多樣宗教與理念中，包容與寬容才是和平與共存的基礎。現代民主主義社會所採取的原則是，無論哪個宗教佔多數都無妨，且任何人也不會因為信仰宗教而遭受歧視，國家更不受特定宗教理念體制支配。大韓民國的憲法第11條（平等權與反歧視）和第20條（宗教自由與政教分離）亦闡明了同樣的原則[29]。以宗教理念為由敵視與嫌惡、排斥他人的主張，違反了民主社會的基本原理。所謂的宗教理念，不正是最起碼建立不傷害他人自由與尊嚴的社會嗎？

■ 沒有多元文化主義的多元文化

「問了很多地方，但全都被拒絕了。」

「托兒所方面說有韓國父母表示不喜歡所裡有外國小孩，所以被拒絕了。」

這項結果出自由京畿道外國人人權支援中心進行的「2017京畿道外國兒童基本權利實況監察」[30]，是托兒所或幼稚園拒絕外國兒童報名的案例。以「這裡沒有非洲小孩」、「擔心膚色不同會有點難適應」、「可能負擔不起托育費用」等理由，送回了外國兒童。由於韓國父母表示不喜歡與可能受到其他兒童的歧視，索性將外國兒童拒之於門外。即便用了擔憂與各種考量包裝，結果依然是「拒絕」。

這並不一定是國籍的問題。如同前文介紹過的案例，已歸化為韓國人的P小姐在桑拿遭到拒絕的情況，只要外貌長得像外國人就會被拒絕。因此，就算在韓國出生或拿著韓國國籍在韓國生活一輩子，終究只能被當成外國人；或者，即使外貌完全分辨不出來，但父母之一是新住民的話，同樣也會被當成外國人。無論國籍是否真的不同，或僅是看起來像外國人，核心仍在於究竟是被納入或被排斥由韓國人定義的「韓國人」之列。

其實，誰是「韓國人」的界線很模糊。相對於移民至他國並取得該國國籍後，依然可以被接受為「韓國人」的人，如同前文所述，也存在於韓國出生並拿著韓國國籍過生活，卻終生無法被當成「韓國人」對待的人。重要的是，誰握有劃分這條界線的權力。在這塊土地上，有人裝模作樣地扮演著主人的角色，然後行使著將他人塑造成客人並拒絕在外的權力。

當「韓國人」討厭「外國人」時，看似微小的情緒卻體現在桑拿或餐廳、托兒所或幼稚園的拒絕行為。倘若情緒持續存在，隨之呈現的行為顯然也不會就此停止。在學校、職場、大眾運輸工具、文化空間等，都將可能發生類似的事；據說，某些地方甚至已經開始進行種族隔離。韓國父母避免讓子女進入新住民二代，也就是所謂「多元文化兒童」較多的學校，令人憂慮隔離的「自然」成形。

除此之外，透過「多元文化兒童」一詞，也可見到韓國社會扭曲的景象。「多元文化」原本是源於對多樣文化的相互尊重，以及強調共存思想的「多元文化主義（multiculturalism）」。多元文化主義是以尊重彼此原有樣貌的平等關係為前提[31]。與將特定文化置於優勢，或單方面劃清界線排斥的行為完全不吻合。然而，「多元文化」在韓國社會卻成為指稱特定人的詞彙，變成了區分不是「真正」韓國人的用語。

韓國人以自認不屬於多元文化為前提的奇妙思維，就像是反映了以韓國人為中心進行思考的矛盾的認知型態。儘管如此，使用著「多元文化」一詞的人們，依然錯覺自己正在同等尊重著多元文化。在認真思考多元文化主義前，這個詞彙卻早已被汙染，也再難得知原意為何。身為「多元文化學系」的一分子，我感到有些遺憾。

有一個教訓是顯而易見的。哪怕是世上最美的語言，有時也可能因為使用的人而轉變成傷人的殘忍意義。對某些人而言，「多元文化」不僅是烙印，也成為了歧視與排斥的用語。如同一名國中生所言：

「放學後，老師說了句『多文化留下！』我明明有名有姓，老師卻叫我『多文化』。老師的話讓我覺得自己好像犯了什麼錯似地，感覺相當受傷。」[32]

讓我們重新咀嚼一次本節一開始引用的亞瑟．高柏（Arthur Goldberg）大法官的話：「歧視不是單純的紙鈔或銅板，漢堡或電影的問題，而是當以種族或膚色為由，而向某人表示無法將其接受為共同成員時，當事人自然感覺到蔑視、挫折、羞恥的問題」。也就是關於人類尊嚴的問題。

第7節 「最好不要讓我看到」

■酷兒的位置

本來應該是個「慶典」才對。

然而，試圖阻止慶典的人和參與慶典的人一起蜂擁而至。舉著「同性戀是罪惡」、「禁止同性戀獨裁」、「因為愛，所以反對」的旗幟，千餘名的群眾開始擾亂慶典。弄爆遊行車輛的輪胎、爬上車拉下主持人、搶下彩虹旗後折毀……接著，朝著參加群眾口出惡言詛咒、推倒輪椅、揮拳相向等，上演全武行[1]。這是2018年9月在仁川首次舉辦酷兒文化節的景象。

說是突發狀況，卻也是早已預見發生的事。當組織委員會一申請在東仁川站北廣場舉辦酷兒文化節，反對群眾便立刻提出申請同一天在附近舉辦反對酷兒文化節的集會遊行[2]。在首爾、大邱等地，也重覆上演著類似的事。每當酷兒文化節先決定好時程與場地後，同日同時就會在對面舉辦反對的集會——以擾亂為目的的集會。

起初，不批准酷兒文化節使用場地的情況也不在少數；釜山海雲台區廳便曾不批准2018年10月釜山酷兒文化節申請使用龜南路廣場。理由是：造成市民不便，與收到許多民眾投訴[3]。2017年10月，也曾因濟州島的濟州市政府臨時取消濟州酷兒文化節使用新山公園的批文後，訴諸法律途徑才獲准使用該場地[4]。原因在於，收到反對舉辦酷兒文化節的投訴。

即使這些場面已經因為太常重演而變得熟悉，但只要稍微換個角度思考，其實仍是相當陌生的景象。試想是國、高中或大學的校慶。有人可能不滿意某間學校的校慶，也可能非常不喜歡在學校舉辦慶典這件事本身，卻很難想像會因此擬定計畫，然後前往擾亂校慶的畫面。大多數僅是以不參加慶典作結。

有人提前擾亂慶典，並特地前往慶典現場以惡言詛咒、飆罵，甚至暴力相向的畫面之所以很難想像，原因之一是因為多數會在事態加劇前便已被解決。做出如此無禮、失序行為的人，早就被主辦單位當場驅離，並得到警方二話不說地協助，更不會有人將這一切稱為「衝突」。由於是單方面的擾亂，因此會被稱為「犯罪」，而這種行徑也會受到社會大眾的譴責。這才是你我熟悉的反應。

然而，很奇怪的是，酷兒文化節卻有些不同。責備的聲浪反而湧向舉辦慶典的人，而非擾亂慶典的人。人們問道：「為什麼非得在人多的場地辦慶典？」並表示「雖能接受性少數群體，但大可在看不見的地方解決就好，為什麼一定要走出廣場？」紛紛提問著：「無論是人或服裝，一概是令人感到不自然的景象，為什麼要『勉強』其他人看見？」換言之，是場地錯了；也就是說，「普通人」經常往來的廣場或公園、街道，不是屬於「酷兒」的位置。那麼，哪裡才是酷兒的位置？

■進入公共空間的資格

希臘的阿哥拉被記載為西歐最初的公共空間[5]。阿哥拉是讓每個人皆能實踐平等的民主主義的空間。然而，僅限成年男性才有資格進入阿哥拉，女性、兒童、奴隸都被排斥在外。換句話說，阿哥拉是以「不平等者」的存在為條件，所打造的平等空間[6]。漢娜・鄂蘭（Hannah Arendt）認為「阿哥拉的政治平等，是以私有領域的嚴密位階與支配為前提」[7]。一家之主為了享有在阿哥拉的自由，必須犧牲私有領域的家庭[8]。

現代社會指的「所有人」的平等，是直到所有人都能進入阿哥拉時才真正實現。不過，實際又是如何？今時今日，誰擁有進入阿哥拉的資格？誰又被要求留在私有領域？性別、身心障礙、年齡、性取向、性別認同、國籍、出身種族等個人特徵，都促成了進入阿哥拉的標記。在不平等的社會，按照這些標記決定是否能進場。有人因為這些標記遭到拒絕入場，於是，就此被送回去留在私有領域。

在公共空間裡，看不見遭到拒絕的人們。「看不見」，是將某些人形塑成少數群體

（minorities）的重要性質之一。所謂「少數」，不只是經由數目的多寡決定。如同女性，即使數目再多，不知為何在公共場域卻始終有人看不見。

看不見的原因可以有很多。首先，是根本沒有。根本沒有的原因同樣可以有很多，要不是一開始就不讓這些人誕生，就是讓這些人進不來、把這些人趕走，再極端些，甚至可能是乾脆殺死這些人。雖然看起來很恐怖，卻是歷史上實際發生過，而至今也依然發生著的事。在重男輕女思想嚴重的時代，曾有無數女嬰消失在墮胎手術之下；迄今仍有不少被發現帶有先天遺傳缺陷的胎兒，無法來到這個世界；納粹為了保有德國人的純正血統與優越性，驅逐或殺害猶太人、吉普賽人、同性戀者等；隨著圍繞濟州島葉門難民的爭議日漸擴大，韓國也將葉門人排除在得以免簽入境的對象之外，讓葉門人進不來。

有時也會透過隔離，讓這些人變得看不見。韓國在1986年的亞運與1988年的奧運前夕，展開大規模的都市環境淨化工程。為了迎接外國客人與宣傳韓國的經濟發展程度，強制將街道上的所謂「流浪漢」移往相關單位收容。1987年，全國36個收容單位共計收容了1萬6125名流浪漢[9]。包括暴露了嚴重侵害人權問題的兄弟之家福利院[10]在內，當時的收容單位皆是讓街道變得看不見「貧窮與骯髒」的隔離收容所。

讓我們試著想想街上的青少年。光是站在原地，人們也會斜眼瞟一瞟才路過他們身邊。總是能聽見大人們因為看到「穿著學校制服喧鬧的成群高中生」而特地繞路的小故事。青少年站在街上的畫面，很陌生——因為青少年就該待在家裡或學校，公共空間裡沒有他們的位置。遑論青少年若在公共空間做出吸菸等與成人們相同的行為時，其行為本身已被視作正在嚴重挑戰支配整條街的秩序。於是，人們時不時便自命為管束青少年行為以維持治安的角色。

實際上，我們極常為了給某人警告，而在路上使用「視線」。試想走在路上時，將視線停在某人身上。兩名男性牽手走路時、女性穿著較裸露的服裝時、打扮邋遢骯髒的人路過時……自己的視線是否也曾不自覺地跟著這些人移動？理應是所有人共有空間的街道，卻不能同等地容納所有人。在街道上，始終存在管束人與行為的規則與監視體制。

意即看似中立空間的街道，卻蘊含支配該空間的權力[11]。透過匿名的多數視線、言語或行為、直接的阻礙或法律途徑，協力管制著不適合該街道的不當存在[12]。驅逐或教化沒有入場資格卻侵犯公共空間的人、不順從街道秩序的人。由於這種視線的匿名性與普遍存在性，屬於「陌生存在」的少數群體感受的日常視線，抑或是實為「監視」的壓迫，慢性地形成對生活的不安。

於是，少數群體有時會選擇隱藏。這也是看不見少數群體的原因之一。雖然不一定適用於所有人，但確實存在隱藏自我原有樣貌的可能性。為了躲避種族歧視，部分擁有複合血統的人會調整自己的外貌，假裝行事作風是個「白人」；為了避開烙印，因而採取讓自我的原有樣貌看起來像「正常」或「主流」的策略。厄文．高夫曼將這種行為稱為「矇混過關（passing）」[13]。

性少數群體選擇矇混過關的可能性很高。一般而言，在本人坦白前，旁人很難得知其性少數群體的事實。因此，性少數群體有時會覺得非得透過出櫃（coming-out）坦承自己是性少數群體一事很奇怪。因為這是本人自行讓自己袒露於社會的烙印與歧視的行為。就個人的性取向（被什麼人吸引）、性別認同（如何認知自己的性別）理應是極度私人的事這點來看，基本上實在沒有向大眾公開的理由。

然而，若從這些層面來看的話，性別、年齡、種族、身心障礙、經濟水準等，同樣沒什麼差異，統統都是極私人的特徵。其實在公共區域發生的多數歧視，都是始於個人特質。因此，「為什麼要在公共區域展現私人特徵？」的問題，反而更像是雙重標準。因為實際上是一方面接受著獨有的私人特徵（例：男性、成人、異性戀者），另一方面卻又因同樣理由拒絕著獨有的私人特徵（例如：女性、兒童、同性戀者）。

如果試著仔細思考，會發現在「為什麼非得在公共場所？」這個問題裡，蘊含了對方的個人特質是不為公共場所所接受的意思。在向性少數群體提出「為什麼非得舉辦慶典？」「為什麼非得出櫃？」的問題裡，帶有貼著「性少數群體」標記的人沒有資格進入阿哥拉的前提。無疑是在對這些人提出「應該留在你們自己的私有領域，成為公共場域看不見的存在」的要求。

基於這些因素，性少數群體舉辦慶典與出櫃的理由也變得更加明顯了。對看不見的性少數群體而言，慶典與出櫃是為了讓身為看不見的存在的自己進入平等的世界，並參與民主討論，而選擇將烙印在身上的私有標記曝光於公共場域的行為。

換個問法吧。擁有什麼個人特徵才能被公共場所接受？誰是公共空間的主人？又是由誰決定與管制進入公共空間的資格？

■擁有討厭的權力

反對性少數群體的慶典的原因，簡單來說就是因為討厭。討厭有很多性少數者出現在廣場、不滿意他們歡樂慶祝的模樣，光是用看的都覺得不悅。人們總說自己擁有討厭他人的自由。當社會連個人情緒都要干涉時，便會感覺太過分了。因此，認為面對討厭的人事物就可以表現出討厭的模樣。連文在寅總統都曾於競選期間在電視辯論會上說過：

「我不喜歡（同性戀者）。」[14]

同時也表示，這與反歧視是不同的問題。究竟該如何理解「不喜歡」這句話呢？性少數群體當事人們對此感到極大的侮辱與憤慨。然而，有些人卻說「討厭同性戀是個人取向，自然有這種可能。」總統候選人也是人，自然也可以討厭某些人。無論是誰，無論在哪裡，討厭的情緒真的都該被尊重嗎？

事實上，不是任何人在任何地方都能表達自己的討厭。在你我的一生中，根據自己置身的位置與地位，無法對自己討厭的人事物表達討厭的情況難以數計。對自己討厭的人事物表達討厭，是種權力。當這種權力被妥善使用時，是件相當有意義的事。是否能向掌權者表達自己的討厭，關鍵取決於公民是否取得權力。當女性可以向男性表達討厭時、當下屬可以向上司表達討厭時，權力關係便有別於既存型態。

然而，擁有權力的人所表達的討厭可就不同了。當老闆對某員工表達討厭時、當教師對某學生表達討厭時，這不是單純的個人取向，更不是權力關係的變動，而正是權力本身。無數的歧視來自討厭的情緒，且這股情緒會作用成排斥某人的機會與資源的權力。一旦主流群體指定了討厭誰，篩選「陌生人事物」的全面性（panoptic）監視體制便開始運作，並宰制公共空間。

因此，異性戀者說的「討厭同性戀者」，與同性戀者說的「討厭異性戀者」，完全不同。同理，非身心障礙人士說的「討厭身心障礙人士」，與身心障礙人士說的「討厭非身心障礙人士」不同；國民說的「討厭難民」，與難民說的「討厭國民」亦不同。原因不在這些話本身，而是說出這些話的主體間的權力關係，將決定其意義與結果。

莎拉·艾哈邁德（Sara Ahmed）認為情緒不是單純心理傾向，而是投入社會規範的一種資本[15]。投資社會負面情緒的結果並不好；嫌惡，帶動情感經濟（affective economy）循環，以及形成不正義[16]。由嫌惡產生的不正義，有時甚至會以暴力的型態呈現。對仁川酷兒文化節的反對意見，不僅止於言語，而是毀損車輛、推擠與毆打人群、強搶旗幟並摧毀的犯罪行為。

諸如此類的仇恨犯罪（hate crime）亦稱為偏見動機型犯罪（bias-motivated crime）[17]。2016年5月17日，在地鐵江南站10號出口附近的商家廁所發生的殺人案件正是偏見動機型犯罪。犯人表示，「因為平常女人無視我，所以我要殺死她們」[18]；除了表明殺人動機源自對女性的討厭與憎惡，亦自白傷害被害人僅是「因為是女性」。

仇恨犯罪的可能性也會對被害人產生制約。以對女性的仇恨犯罪為由，要求「穿著端莊」、「不要在街上待到太晚」；仁川酷兒文化節前，仁川東區廳同樣以安全堪憂為由，不批准使用廣場，並提出「如果想使用廣場，主辦單位必須準備300名維安人員與100格停車位」的要求[19]。

類似的情況也圍繞著在俄羅斯的性少數群體的「同志大遊行（Pride March）」。自2006年起，莫斯科市便一直禁止這項活動。理由是：為了維持公共秩序與防止騷亂；

只是，理由卻不是「同志大遊行」本身會破壞公共秩序與造成騷亂，而是「反對這項活動的人很多」，甚至有人發出只要看見性少數群體就要訴諸暴力的恐嚇[20]。因為反對的人以「失序、引起騷動」為由，禁止了性少數群體上街遊行。

「因為被害人出現在公共空間，導致犯罪發生」這句話，是將犯罪原因與責任推卸給被害的弱勢群體，意即少數群體的典型話術。因此，開出了「讓少數群體不要出現在公共空間」的處方。國家順應意圖犯罪的人所願，做出了決定。

歐洲人權法院並不同意這類排斥少數群體的理論。在2010年的阿列克謝耶夫訴俄羅斯（Alekseyev v. Russia）判決中，歐洲人權法院強調民主主義社會的核心是「多元主義、寬容、寬厚的胸懷」，並做出以下發言[21]：

> 在這個案件中，當局非但沒有向對「參加性少數群體遊行的人」暴力相向的神職人員採取任何動作，還禁止了他所攻擊的遊行。以如此露骨的非法煽動為根據禁止遊行，無疑是當局承認了故意、明顯違背法律與公共秩序，並破壞和平集會遊行的個人與團體之意志。（……）

假如唯有在多數群體能接受的條件下，少數群體才得以行使《歐洲人權公約》的權利，此為違反本公約蘊含之價值。若真是如此，便不是本公約要求對少數群體的宗教自由或表現，與集會遊行自由的實質、有效之權利，而僅是流於理論的權利。[22]

掌權者、多數群體擁有排斥討厭的群體的力量。在公共場所公開表明討厭，即是將合理討厭該群體一事訴諸公論。因此，歐洲人權法院強調：「民主主義不單純意味多數的觀點永遠佔據支配的位置，必須找出避免濫用其支配地位，與保障對少數群體的公平與適當對待之間的平衡點。」[23]俄羅斯莫斯科市當局不應該禁止性少數者舉辦遊行，而是要保護他們在安全的狀態下行使權利。

在當時仍是總統候選人的文在寅說出「我不喜歡同性戀者」的反對同性戀言論後，隔天便有性少數群體社運人士跑到文在寅總統面前大喊道：

「請問您是反對我的存在嗎？」[24]

受多數群體支持且具影響力的當權者在媒體上發表自己不喜歡特定少數群體的宣言，

不只是單純表達個人取向，而是將該少數群體推出公共空間之外的信號。他口中的「反歧視」，不過是在將同性戀者流放至阿哥拉外後的平等罷了。性少數者高呼「您是否反對我存在？」的抗議，正是來自被驅逐到圍牆外的人們的吶喊。

■領土的倫理

對人們來說，存在各自正義能影響的範圍，意即正義的範圍（scope of justice）[25]。每個人都看似在追求正義，實際上人們認為的正義所能影響的領域卻是有界限的。以某個境界為中心，置身正義領域內的人們自認受尊重，且應該要做適當、公平的分配。然而，卻將領域外的人視作敵人，因而合理化不人道、殘忍的對待。這些人存在由正義掌管的道德世界之外[26]。

莫頓．達區（Morton Deutsch）將正義的範圍解釋為「隨著個人所屬的『道德共同體』的境界而成形」[27]。當心理境界設定得不同，我們的態度也會隨之變得不同。內部人士認為身為成員之一理所當然可以享有權利，但外部人士就沒有享有同等權利的資格了。借用蘇珊．歐波（Susan Opotow）的話，「如此一來，當某人或某群體認知其道德價值、規則、共通性不適用的外部世界的存在時，便會出現道德排斥（moral exclusion）。」[28]

基於這項心理作用，人們陷入將不平等的情況視為平等的矛盾中；就像希臘城邦一樣，在排斥某些人的狀態下，陷入認為「所有人」皆平等的錯覺。韓國社會對所有人都公平嗎？答案是「肯定」的人，很有可能是站在早已置身阿哥拉之內的多數立場——要不是完全看不見阿哥拉之外的人，就是以某些理由合理化待在阿哥拉之外的人。

包括希臘城邦時代在內，奴隸即是長久以來不被看見（invisibility）的最具代表性人物。因為奴隸存在的唯一原因，在於需要這份勞動力的人。既沒有臉孔也沒有姓名的這群人，僅是物理上存在社會，實際卻像是不被承認同樣擁有權利與社會關係的透明人[29]。如果引用漢娜．鄂蘭的話，「即使奴隸基於其勞動力的必要性而『續存於人類的圍籬之內』，卻失去身為人的權利，『被逐出人類之外』」[30]。

奴隸的地位，不是奠基於其名稱。「奴隸」，意味著沒有身為人的權利，處在僅被需要勞動力的狀態。就算存在圍籬之內，但若是與置身同樣土地的「主人」不平等的人、被剝奪政治權利且無法要求任何權利的人、提供「主人」需要的勞動力後便得消失得不著痕跡的人，無論在現代社會的稱呼是什麼，這群人就是「奴隸」。這些「現代版奴隸」究竟以什麼模樣存在你我的身邊？我們又是否能將奴隸視為早已消失的過往之事呢？

有不少移工都表示，自己在韓國就業時適用的僱傭許可制是「現代奴隸制（modern slavery）」。乍聽之下，這項主張或許有些偏激。原因在於，萬一這是事實，即是承認了使用這些勞動力的韓國人是罪大惡極之人。很難將役使奴隸的農場主人的形象與自己聯想在一起。於是，多數會在未經冷靜判斷也沒有好好聽完整件事前，便急著否認「這不是事實」。再加上，僱傭許可制出自政府之手，起初也是為了保護勞動者的權利，才以此取代產業研修生制度。

僱傭許可制，是為了許可雇主雇用外國人從事韓國人迴避的職種而創造的制度。移工原則上工作滿三年必須歸國，但若雇主提出申請，得可延長工作時限[31]；移工不能隨意離開雇主，於法令規定的幾項情況下，允許變更工作單位。不過，此處指的是雇主解除勞動契約、工作單位暫時或永久歇業、雇主做出不當對待等，站在雇主的立場難以繼續雇用該勞動力的情況[32]。

如果對這項制度感到陌生的話，不妨將雇主換成在字典上的近義詞「主人」後再讀一次。或許，情況看起來就會有些不同了。與其說是給予移工工作的權利，僱傭許可制反而更像是賦予主人權限，讓他們得以從外國引進勞動力的制度。移工專屬於錄用自己的主人，不得隨便離開主人；主人當然也擁有移工能在韓國待多久的決定權。一旦在未經同意之下離開主人，便會成為罪犯，遭到遣返。如此一來，無論是什麼樣的僱傭關係，都只是以雇主為重。如果一切都取決於雇主，是否依然能自信地說出奴隸制度是與自己完全無關的事呢？

在相同領土內，存在擁有不同權利的群體。我們經常將這種社會體制稱為階級社會或種姓制度（caste）。由於移工是外國人，因此沒有政治權利。撇除賦予擁有永居權的人參與地方選舉的選舉權的少數例外，外國人原則上禁止參與政治活動[33]。假設諸如此類的隔離體制持續發生，將形成什麼樣的身分結構？當移工的存在變得像從前的奴隸一樣，是「社會中的死人」[34]時，社會可能就此陷入即使睜著眼也無法意識身分結構不平等的狀態。

連憲法裁判所似乎也看不見或合理化了這些不平等。在關於移工案件的裁定文中，憲法裁判所表示「承認外國人（……）基本權的主體性，不代表得與我國國民享有同等水準之保障」[35]。意即雖然外國人也擁有憲法所規定的權利，但是外國人受保障的程度可以比本國人更少。憲法裁判所認為的正義影響範圍，是從共同生活在領土內的人之中，排除了部分的人。

麥可．華爾澤（Michael Walzer）認為在相同領土內存在擁有較少或沒有權利的階層一事本身，已是違反民主主義的「暴政（tyranny）」[36]。若想實踐民主主義，基本前提是置身其中的所有成員皆擁有平等的關係，且能站在同等的立場進行討論。難道因為國籍不同，就能將一個人彷彿不存在似地抹除嗎？我們必須思考一起生活在共有空間的倫理[37]。唯有這麼做，才能有別於在隱藏不平等的前提下享受平等的希臘城邦，構建真正的民主主義。

第 3 章

我們回應歧視的態度

第8節——平等是跨越對改變的恐懼而來

■所謂「秩序」

試著回想2016年冬天如火如荼的燭光集會（譯註：指韓國民眾透過大規模集會要求時任大統領的朴槿惠下台一事）。群眾在數小時內將周圍的道路堵得水洩不通，並在街道上放聲高歌。儘管參與集會的人多了些，卻不感絲毫不適，反而還很快樂地沉浸在實踐民主主義的滿足感，盡情感受著憲法保障的集會和遊行之自由。

如果各位是以這種方式記住那場集會的話，代表你參與過那場集會或是認同那場集會的立場。集會和遊行之自由是人人皆有的權利。然而，對於行使這項權利的人的感覺，卻會因自身所處的位置不同而改變。一旦轉換立場，人們的反應可就不同了。

2018年6月，某個星期四的上午10點，首爾地鐵一號線舉行了一場遊行。這場遊行，起因於約8個月前的2017年10月，一名坐著輪椅的身心障礙人士在新吉站使用樓梯側的無障礙坡道途中，自坡道墜落至樓梯下方，最終導致死亡的意外。首爾身心障礙人士廢止歧視團體以這場意外為契機，發起一場促進保障身心障礙人士移動權的遊行。當天，坐著輪椅的身心障礙人士不停在新吉站至市廳站間的每站上、下車，使列車移動六站的距離需花上1小時40分鐘；意即較平常多出五倍的時間。不少民眾激動地抗議：

「幹嘛抓一般民眾當人質啦！」

「為什麼要對忙得要死的人搞這種事？」

「你們這些×××，幹嘛來這裡鬧？」[1]

固然有些關心這場遊行是為了什麼原因的人，但多數人都是對遊行人士指指點點，甚至大飆髒話、投以責難的目光。

或許在某些人心中，也正暗自訓斥著這種形式的遊行根本毫無效果。對於這樣的遊行，大部分人的反應都很冷漠。有別於靠激烈遊行手段贏得民主的歷史，多數人總將其他人妨礙到自己日常生活的集會與遊行，視作對公共秩序有害的行為。

在多數情況中，公共秩序與人權處於緊繃關係。即使憲法保障人民有集會與結社自由等基本權利，卻同時有所限制。根據韓國憲法第37條第2項：「涉及國家安全保障暨維持秩序、公共福利等必要情況時，國民的一切自由與權利得受法律限制」，同時卻又規定「即使在受到限制的情況，也不得侵害自由與權利的本質」。

世界人權宣言亦然。承認「人人天賦尊嚴，及其平等而且不可割讓權利之確認」，並一一列出屬於此權利範圍之項目。儘管如此，當遇上為保公共秩序的必要情況時，依然保有受限制的空間。世界人權宣言第29條第2項提到：「人人在行使他的權利和自由時，只受法律所確定的限制，確定此種限制的唯一目的在於保證對旁人的權利和自由給予應有的承認和尊重，並在一個民主的社會中適應道德、公共秩序和普遍福利的正當需要」。

「為了公共秩序，個人的基本權利需受限制」這句話，有時因情況不同，可能發揮強大的效果；走向極端時，這句話很容易就會變成「站在多數人的立場，可以否定少數人的一切權利，並壓迫其活動」。說起「公共秩序」時，「公共」意指的是多數。多數同意的秩序是公共秩序，為了保護它，限制少數權利的萬用理論因而誕生。

■法律也可能不當的疑心

遵守法律與秩序，是人民的義務嗎？一般來說，確實該依循法律與秩序。只是，這句話並不永遠正確。原因在於，不遵守不當的法律與秩序，同樣是人民的責任。法律也可能變得不當一事，只要透過納粹對猶太人的政策或南非共和國實施的種族隔離，自然能充分理解。後來，歷史也將執行這些不當法律的人以「戰犯」之名進行審判與懲罰。

韓國也曾經歷過這種不正義的時代。最具代表性的例子，不妨試著回想一下包括廢止憲法基本權的人民革命黨事件（譯註：韓國於朴正熙軍政府時代，由隸屬軍政府的韓國中央情報部分別於1965年以《反共法》與1975年以《國家保安法》濫捕冤判的案件。直至2008年，當年因此案入獄的服役者才被宣判無罪）在內，導致大規模侵害人權的維新時代憲法與緊急措施。這一切，顯然也裹著名為「法律」的外衣，其中更有「為了維持國家安全與公共秩序」等看似正當的理由。然而，實際上「安全與秩序」卻是被用作限制人權的萬能理論，方便依當權者的意志進行統治。

根據1972年制定的《維新憲法》第53條第1項：「當大統領（……）考量國家的安全保障或公共安寧秩序存在可能受重大威脅，判斷需要快速的措施時（……）即可對國政實行全面性之必要緊急措施」接著，第2項：「當大統領認同第1項情況之必要時，得根據此憲法的規定，實施暫時中止國民自由與權利的緊急措施；即針對政府或法院的權限實施緊急措施。」

維新政府以這些憲法條項為根據，透過一連串的緊急措施禁止反對政府的發言與一切活動。嚴重限制了集會和遊行之自由、言論和表達之自由。以違反或毀謗緊急措施為由，在沒有搜索票的情況下遭逮捕、拘留、沒收、搜查，以及判處有罪遭關押的受害者多達1260名（由4・9統一和平基金會推算）[2]。直至2013年，受害者們才得以因憲法裁判所判定維新憲法第53條與緊急措施1、2、9號違憲後，請求重審。

「公共秩序」、「安全保障」一詞，表面上看來沒什麼大問題，更是現行憲法中也存在的詞彙。「為了所有人的安全與秩序，有時必須讓出個人權利」被當作再適當不過的一句話。或許，對在維新時代學到「為了祖國與民族的無限光榮忠誠」的國民禮儀，與「犧牲小我完成大我」道德法的世代而言，為了社會秩序讓出個人權利，反而感覺理所當然。

再加上，人們普遍都有著順應權威的傾向。1963年時，史丹利・米爾格蘭（Stanley Milgram）透過有些令人震驚的實驗，呈現人們甚至會不顧對他人造成傷害而選擇服從權威的事實。實驗內容很簡單[3]——觀察受測者究竟會順從研究團隊到什麼程度。

這項實驗的受測者收到一項指示：當解題者每次答錯時，都得加強電擊幅度。研究團隊會交給受測者15伏特至450伏特，共30個等級的開關，並指示受測者在解題者答錯問題時逐步提高強度。其中有65%受測者順從研究團隊的指示，一直加強至450伏特。即使面對遭電擊的對象痛苦哀號，也依然相信研究團隊用作安撫的「沒關係」，繼續按照指示動作。

順從權威的傾向，與希望固守現在的法律與秩序的傾向有關。人們無法輕易從熟悉的既存法律與秩序脫離，轉而接受陌生的狀況。實驗顯示，傾向順從權威的人，代表具備「認知世界是危險的地方」、「懷疑他人的動機並忌諱與自己性質不同的人」的傾向[4]。由於恐懼與疑心，因此便得反對改變。

直至20多年前，反對同姓同本，也就是反對姓氏與本籍相同的人相互通婚的理由，同樣也是基於對社會秩序崩解的恐懼。1958年，與民法的制定一起登場的同姓同本禁止通婚規定，造成無數人無法登記結婚共組家庭，甚至還有情侶對此感到悲觀而選擇自殺一途。這項制度到了1997年，才隨著憲法裁判所判定不符憲法而走入歷史[5]。

然而，當時儒學界強烈反對廢除這項禁止通婚規定，並提出「草率放任同姓同本間通婚，將破壞善良風俗與社會秩序」、「難道是打算拋棄民族固有的善良風俗，追隨西洋文化嗎？」「一旦廢除禁止同姓同本通婚，我們所有人都會成為亂倫者」等理由[6]。站在儒學界的立場，無疑是嚴重破壞秩序兼對傳統的背叛。恐懼改變的程度，甚至讓部分儒學界人士揚言為此自殺。

2005年，隨著憲法裁判所針對戶主制（譯註：以男性為中心的繼承制度與戶籍姓氏制度，內容包括「男性為法定家長，女性僅是家長之附庸」、「子女必須終生隨父姓，即使母親改嫁也不得更改姓氏」、「若男戶主過世，女性亦無繼承權利」等傳統男尊女卑的思想）做出不符憲法的裁定後，奠基於父系血統主義的家庭制度也漸漸消失。不過，曾經憂慮的社會混亂並未發生，僅是形成新的社會秩序罷了。從此有更多人能享受自由的婚姻，變得更加幸福，而世界也因此變得稍微公平一些。

韓國的憲法裁判所提出戶主制違憲，認為所謂「傳統」的既存秩序會成為「社會惡習」，並提出以下論證。

> 韓國憲法提及的所謂「傳統」、「傳統文化」，不得不用今時今日的意義重新詮釋。掌握了今時今日的意義後，必須讓憲法理念與憲法的價值秩序毋庸置疑地成為最重要的標準之一，且得一併考量人類的普遍價值、正義與人道精神等層面。（……）基於歷史的傳承，違背現今憲法理念之內容，即為憲法前言中宣告必須破除的「社會惡習」，並不符合憲法第9條要求「繼承・發展」的傳統文化。[7]

民主主義社會守護的秩序，顯然不單純是既存的習慣或遵守法律。如同憲法裁判所所言，唯有細細審視「憲法理念與憲法的價值秩序」、「人類的普遍價值、正義與人道精神」，才能得知哪些秩序是必須廢除與修訂。歧視也是該被廢除的秩序之一。不該誤會挑戰這種既存秩序將招來社會混亂，相反的，更該將其理解成為了實現平等的正當、正義之舉措。

經過禁止同姓同本通婚的時代後，「一旦承認同性婚姻，將毀滅家庭、社會、國家」的今時今日，反對同性結婚的主張來勢洶洶。然而，德國、美國、英國、法國、加拿大等，超過25個早已承認同性婚姻的國家，反而與這些主張相違背。首先於2001年初開始承認同性婚姻的荷蘭，迄今每年約有1200～1400對同性情侶結婚[8]。荷蘭不僅沒有「毀滅」，還與其他同樣承認同性婚姻的芬蘭、挪威、丹麥、冰島等國家，一同屹立於世界最幸福的國家之一[9]。

根據2014年「韓國LGBTI群體的社會需求調查」，在參與調查的937名女同性戀者、989名男同性戀者中，各有55・5%與42・0%正在戀愛中，而進行調查的當時又有17・3%的女同性戀者與8・4%的男同性戀者正與其伴侶同居。當只向正在同居中的人提問時，現在與過去的同居時間合計超過五年者則各有28・4%與36・9%[10]。關於同性婚姻的要求，與同姓同本通婚一樣，是正在詢問著社會能否承認這些早已存在的關係。我們的社會，恐懼的究竟是什麼？跨越面對改變的恐懼後，又該如何創造讓社會邁向更加平等的力量呢？

■改變的劇情

被錯誤解讀的蘇格拉底名言「惡法亦法」，在憲法裁判所要求刪除後，也隨之消失於教科書內。2004年，憲法裁判所在當時向教育人力支援部提出的意見中，闡明了「在現行的憲法體制中，所謂守法，是以正當的法律與正當的執法為前提」[11]。非得由憲法裁判所提出這份意見書的原因不言自明——因為憲法裁判所的角色本身，正是審判法律的正當與否。如同憲法裁判所迄今透過無數判決所闡釋的，即是惡法非法。

假如法律存在不當的可能性，那麼是否也能因情況不同而不遵守法律？就像前文提及的遊行一樣，當多數遊行演變成妨礙某些人通行的結果，這些行為偶爾便會被規定成「違法」。全國反歧視身心障礙人士聯合會共同代表朴京碩先生於要求保障身心障礙人士移動權，以及廢除身心障礙等級所展開的遊行過程中，曾因進行未經申請的遊行與妨礙交通等理由遭起訴、審判[12]。我們該如何看待這種為了反抗法律而違反法律的行為呢？

有些人認為「只要違反法律就一定是不道德的事」[13]，並強調「只要是公民，就有義務無條件遵守經由民主程序制定的法律」。於是，他們批評反抗法律制度的人是缺乏身為公民的品德、從事對團體造成損害的行為；並且認為少數就該完全接受根據多數決的原則制定而成的結果——法律。像是「為什麼非得用那種方式遊行？」之類的問題，皆是源於對民主程序的絕對信任。

然而，透過民主程序制定的法律，有時卻是不當的。不當的法律，不只存在於非民主的國家。為什麼會有這種事？由於選舉與立法等，其程序皆採多數決的原則，而這種表決方式有根本上的界限。原因在於，根據多數決的利害關係做出的決定，往往會發生對少數群體不利並侵害其基本權利的情況；尤其當該少數群體被排斥與孤立於政治社會之外時，更是危險。

藉由多數的決定要求少數接受不正義，自然不是民主主義。所謂民主主義，是根據一人一票，票票等值的原則，讓所有人皆擁有同等權利參與政治並發揮影響力。不符合這一切的單方面且不平等的規則，則違反了民主主義的原理。現今憲法裁判所所扮演的重要角色之一，是對照藉由多數決制定的不當法律與憲法保障的基本權利後，進行審判與廢除。

因此，對法律的不存疑與一味服從的態度，並不符合民主主義社會。無條件服從，是極權主義的特徵。在約翰．羅爾斯（John Rawls）的著作《正義論》中提到「當社會被解釋為由同等的人們組成的共同體制時，因嚴重不正義而遭受痛苦的人則沒有服從之必要」[14]。公民不是單純地接受統治，而是該適時撥亂反正。因此，正如羅爾斯所言，有時公民不服從（civil disobedience）反而才是民主主義社會實現正義的途徑。

其實，雖然公民不服從（或良心拒絕）在定義上屬於違法，同時卻也是穩定立憲體制的方式。藉由自由的正規選舉與有權解釋（不一定是成文法的）憲法的獨立司法部，加上使用適當約束條件與健全判斷的公民不服從，有助維持與強化正義的制度[15]。

按照羅爾斯所言，所謂公民不服從是「以替法律或政府的政策帶來變革為目的，執行公共、非暴力且良心，但違反法律的政治行為」[16]。並非單純的違法就是公民不服從。一般來說，人們的違法通常是指為了自身利益做出不為人知的行為；相反的，公民不服從是以公開的違法行為，向大眾明示問題的情況[17]。

公民不服從是一種「搭話」的行為，是極為迫切的搭話型態。當事態之嚴重性與重要性無法受關注、理解時，無法透過平常的管道有效傳達意見時，便會使用公民不服從；當合法的手段沒有效果，或面對少數者的議題時，多數者選擇忽視或無意進行改變時，即得訴諸不服從的方式引起大眾與輿論的關注，促使事態變得廣為人知。

歷史上的公民不服從，是少數在這種以多數為中心的社會中用以反抗不平等的運動。由馬丁・路德・金恩（Martin Luther King, Jr.）領導的美國蒙哥馬利公車抵制的著名運動，正是對種族隔離政策的反抗[18]。不僅金恩因為這場抵制運動被以「妨礙公車營運罪」起訴，主動前往警局的其他黑人們也因此遭到逮捕。於是，美國全國各地與外國媒體開始報導這個事件。即使參與抵制運動的人獲判有罪，但重要的是過程。原本莫名相信隔離體制很公平的人們，也因為一次次的法庭攻防戰而逐漸清楚種族隔離主義的真實樣貌[19]。

蒙哥馬利公車的隔離政策，最終隨著法院判定違憲，以抵制運動的勝利落幕[20]。不少白人也接受了種族隔離政策消失的變化。不過，仍有部分白人持續粗暴地反對，並表示「坐在黑人後面，不如直接讓我下地獄」，拒絕坐在公車後方的座位[21]；甚至還發生了對下公車的十多歲黑人暴力相向、對公車開槍的事件[22]。

站在白人的立場，或許會認為這一切「矛盾」都是源於黑人違法的抵制行為。公車公司將這些人視作帶來「損失」的違法者，完全無法認同這種方式的抗議。本節一開始提及的地鐵抗議，即便僅是單純地上、下地鐵而非違法行為，也已引起乘客相當激烈的反應。除了指責抗議的身心障礙人士「有多少人因為你們這些人受害！」甚至破口大罵「誰叫你們去死？」「誰叫你們是殘障？」[23]

難道不正是因為多數諸如此類的不寬容，才逼得無法擁有其他有效溝通管道的少數轉而依靠公民不服從嗎？羅爾斯表示：「一旦正當的公民不服從被視為威脅人民和諧，該負責的不是反抗的人，而是濫用權威與權力讓這些反對變得合理化的人。」[24]群體如何面對少數群體的「搭話」，將使情況出現巨大的轉變。可以選擇批評抗議活動，也可以選擇側耳傾聽，然後一同挺身參與尋求改變。如果是你，會如何化解這一切呢？

■世界仍不夠公平正義

馬文．勒納（Melvin Lerner）主張人深信公平世界假說（Just-World Hypothesis）[25]相信世界是公平公正的，每個人都適用善有善報，惡有惡報。願意如此相信的原因在於，唯有這麼做才能活下去。唯有相信世界是公平的，才能設立長遠的目標，計劃未來的生活。哪怕僅是為了維持平凡的日常生活，也必須懷抱這份信念[26]。

問題在於，有時就算見到了不正義的情況，也不願修正這項假說[27]。非但不願改變自己認為世界永遠公平公正的想法，甚至還會開始朝著「責備受害人」的方向曲解情況。要不是認為「世界沒有錯，錯的都是那些身處不幸情況的受害人擁有不好的特質」，就是「是受害人本身做錯，才會經歷那些事」[28]。由於自己能生活在公平公正的世界都是基於這份信念，因而產生了人無法讓世界變得公平公正的矛盾。

於是，對相信或想相信世界是公平的人而言，根本聽不見其他人呼喊「世界不公平」的聲音，反倒還將責難的矛頭轉而指向呼喊不公平的人身上，一心想著「一定是那些人做錯什麼了」。這種情況很常見。在無數霸凌或欺負、性暴力、家庭暴力的事件中，我們總是先一步懷疑被害人。歧視也是如此。相較於思考歧視的不當，反而開始對著呼喊不公平的少數者挑毛病、批判。於是，歧視持續不變，而世界毫無改變。

儘管是自認已經為了少數群體、為了社會正義在做事的人，也可能因類似的錯覺而強化了歧視。最後借用2016年6月發生過的一件事，以分享自己的煩惱為本節作結。這件事，發生在由全世界的社會福利學者與社會運動參與人士齊聚一堂的「全球社會福利大會」的大型活動上。

為了配合這場在首爾COEX會議中心舉辦的活動規模，親自出席開幕典禮的保健福祉部長官正在台上致賀詞。然而，就在致詞期間，十多位突襲抗議的身心障礙社運人士朝著保健福祉部長官大喊：「廢除身心障礙等級制！」當坐著輪椅的社運人士們一準備登上保健福祉部長官正在致詞的講台上時，維安人員便架起社運人士們的身體，將他們與輪椅分離後，拖出活動場外[29]。

偏偏這場活動的主題是：「提升人類的尊嚴與價值」。那是個場上滿是為了捍衛社會弱勢與社會正義而投身各種活動（至少是被期待如此）的社會福利專家的場合。然而，就在社運人士們被那樣強行拖出場外後，致詞仍繼續進行。在場目睹這一切的人們，究竟怎麼想？看見在活動現場突襲抗議的瞬間，該責備什麼人？該不該聽聽抗議人士們的發言？會不會有人默默在心裡怪罪他們的抗議方式，訓斥那樣的方法根本沒效？

因這場活動產生重要變化的，是來自國外的社會福利相關人士。看著坐輪椅的身心障礙人士被殘忍地拖出場外的畫面後，國外的社福人士開始詢問：「究竟發生什麼事？」我告訴他們關於身心障礙等級制與扶養義務制的問題點，並表示要求廢除相關制度的社運人士，當時已經在光化門廣場靜坐抗議了1408天。來自挪威的社福人士凱瑟琳小姐聽完後，批評主辦單位「哪怕只是幾分鐘也好，都該聽聽來抗議的人想說什麼才對」[30]。

結果，全球社會福利大會的主席對強制鎮壓一事公開道歉；而身心障礙社運人士也在閉幕典禮上，得到10分鐘的公開發言機會。在閉幕典禮上發表演說的廢除身心障礙等級制與扶養義務制聯合行動代表朴京碩先生，疾呼著「為了捍衛人類的尊嚴與價值，我們必須付諸行動。希望社福人士的行動，能改變這個社會」[31]。

雖說每個人都有表達意見的自由，實際上多數與少數的自由並不相同。恰如約翰·斯圖爾特·彌爾（John Stuart Mill）在其著作《論自由》中提及的，多數可以肆無忌憚地攻擊少數的意見[32]；相反的，少數卻被單方面地要求「將表達內容修飾到不自然的程度，並投入極為細心的注意好讓對方不會感受不必要的刺激」[33]。不願傾聽少數意見的多數，要求少數注意自身發言。事實上，即是強迫少數沉默。

有人說：「正義，是明白究竟該批判什麼人。」[34]意即必須清楚知道該改變什麼人或什麼事。世界仍不夠公平正義，訴說著不正義的人們的聲音，依然不絕於耳。

第9節－所有人的平等

■所有人的廁所

在電影《關鍵少數（Hidden Figures）》（2016）中，有一幕主角凱薩琳．強森（泰拉姬．P．漢森飾）淋著雨跑去廁所的畫面。若想去黑人女性專用的廁所，必須離開原本所在的建築物，前往800公尺外的另一棟建築物才行。1960年代初期，由於當時美國除了區分女性與男性專用的廁所外，甚至還進一步區分白人與有色人種專用的廁所，因此至少需要四間廁所。在電影中，因主角工作的大樓裡沒有設置四間廁所，凱薩琳才必須跑去其他大樓找自己可以使用的廁所。

廁所，成為衡量一個社會平等標準的極重要指標。因為不論地位高低，廁所僅是身為一個人，一個所有人都非需要不可的空間。只要檢視一個社會如何設計與分配一個所有人每天至少都要去幾次的空間，便能得知這個社會如何區分人，以及什麼人是主流、什麼人被排斥在外。

回憶起1990年代初期，也就是我就讀大學的時候，學系大樓的女廁是隔層設置的，與層層都有的男廁不同。儘管很慶幸還不至於得像凱薩琳一樣跑去其他大樓上廁所，上下樓梯的不便感至今卻記憶猶新。雖然有想過可能是由於當時系上的女生很少才不得已這麼設計，但仔細想想，因為女生人數少就減少廁所需求量一事本身，其實已能看出一個空間的平等標準。

既然如此，在對所有人都平等的社會裡，廁所該是什麼模樣？首先，實際使用廁所時，存在幾項必要條件：廁所必須夠近、出入必須方便、可以在廁所內大小便與洗手；且在這些過程中，必須感覺安全、自在，而非羞恥或不安、受威脅。如果想讓所有人都能在這些條件之下使用廁所，那麼我們究竟需要幾間廁所？

現今你我熟悉的公共廁所樣貌，是以男性專用與女性專用區分。以性別作為區分標準的歷史，可以回溯到很久以前，而其中的原因也存在爭議。根據研究顯示，為了彰顯上流階層高貴地位的目的，才首次在18世紀的法國巴黎設置了廁所[1]。到了19世紀後期的工業革命時代，基於傳統的性別角色觀念，開始有人主張應該在空間上隔開工作地點裡的女性與男性[2]。有鑑於當時首創了保護女性遠離性騷擾與性暴力的法律措施面世，才開始區分男、女廁[3]。

後來，才接著開始設置無障礙廁所；既有的廁所，不適合使用輪椅或行動不便者。因此，將廁所拓寬成能讓輪椅進出的空間、裝置使用完馬桶後起身時有辦法支撐身體的安全設備、將洗手台與鏡子調整至適合坐輪椅時使用的高度、移除推拉門改用可以讓輪椅輕鬆進出的自動門。無障礙廁所，同時也成為了能讓老人與兒童、孕婦使用的空間。

不過，初期時因為不少建築物與設施只設置一間男女共用的無障礙廁所而發生問題。一方面是男女共用的廁所令人不適、不安，另一方面則有人提出「社會將身心障礙人士視作無性別存在」，於是才開始出現設置以性別區分無障礙廁所的要求[4]。在女廁與男廁外，再另外設置女性無障礙廁所與男性無障礙廁所。為了符合性別與無障礙的條件，至少需要四間廁所。

只是，問題還沒結束。原因在於，實際上有人無法使用以男、女作為區分標準的廁所。以跨性別女性為例，使用女廁的人將其視為男性而感到恐懼、抗拒；反之，使用男廁的話，又會憂慮自己女性化的外貌遭受性暴力。跨性別者與雙性人，對於擁有脫離性別典型外貌的人來說，基於性別二分法設置的廁所，既不安全也不自在。

那麼，現在究竟該如何設計廁所？面對所有廁所都是男女分開的情況，時不時就會為跨性別者帶來痛苦。因此，社會需要的是不分性別的廁所。然而，近來女性們反而更強烈地要求男女分開的廁所。隨著2016年於江南站附近大樓的男女共用廁所發生的殺人案件，以及在公廁裝攝影機進行違法偷拍等事件頻傳後，女性對廁所難以言喻的恐懼也不停擴大。在看起來互相衝突的爭議之中，究竟可不可能打造出對所有人都公平的廁所？

■涵蓋多樣性的普遍性

每個人都得上廁所。如果人人平等，就該準備好可以讓所有人都能去的廁所。然而，如此單純的人類「普遍性」，實際卻在面對人類「多樣性」時，變得複雜。此時，是不是該直接導向「反正不可能滿足所有人」的結論？抑或是「雖然有歧視，但必須接受不可能存在完美解決方案的現實」？平等，究竟該如何實現？

廁所的爭議起點，在於普遍用來區分人類類別的社會作用。有人主張應該去除所謂的類別；在電影《關鍵少數》中，必須去除區分使用廁所的種族類別。區分白人專用與有色人種專用的廁所，是白人基於排斥黑人的意圖做出的明顯歧視。歸根究柢，問題存在認為可以用種族區分人類的觀念本身。

種族主義（racism），意指人類在生物學上可以被區別成數種種族，並主張這種區別會造成身體、智能、道德優劣的堅信或行為[5]。然而，進入20世紀後，揭開了根本不存在決定種族的生物學要素，所謂「種族」，僅是社會隨意發明的社會建構（social construct）產物罷了[6]。既然沒有因種族決定不同的身體或性格特徵、道德品格，自然也沒有種族間的優劣之分。

性別又是如何？即使女性與男性間確實存在身體上的差異，以男女作為區分標準的性別二分法卻無法囊括所有人。單看性染色體、性荷爾蒙、性器官等特徵時，存在一些無法用男性或女性任一性別說明的雙性人（intersex）[7]；也存在出生當時身體判定的性別與主觀認知的性別不一致的跨性別者[8]。在二分法的性別體制裡，這些人變得無法百分百屬於任何一處。

假如同意應該像種族一樣，索性去除任何類別，或同意二分法的性別種類不夠完善，那麼完全不做區分又如何呢？如果歧視是源於將人分類的行為，不難想像解決方法就是去除所有類別。一口氣去除所有類別的方法，是否就能達成平等？既普遍又多樣的「人」，究竟能不能融合這兩種屬性呢？

普遍性與多樣性間的拉鋸，蘊藏在無數平等爭議的深層。具代表性的例子之一，即是政府藉由不區分特定類別的「盲試」方式，追求普遍性。如同在〈2017年政府機關盲試指南〉中所示：「不得於申請報名表的項目或面試等應試過程，公開自己的出身地、家庭關係、學歷、外貌等」。為的就是杜絕諸如此類的資訊會出現「形成偏見，引起不合理歧視」的效果[9]。

在盲試中，隱藏出生地、家庭關係、學歷、外貌等資訊一事，是基於認為「以這些類別評價一個人是不正當」的原則。實際與錄取有關的適當標準，唯有「實力」本身。為此，必須如同字面所示，遮住評審們帶有偏見的雙眼。這種讓「一樣就一樣」的「形式平等（formal equality）」，期待著透過人人適用統一標準的方式，促進世界更加平等[10]。

這個方法對實現平等能發揮多少效果？假設有名實力相當出眾，卻因非首都出身而一次次遭拒絕錄取的人。對這個人來說，盲試無疑是實現平等相當重要的方法。然而，透過這個方法，又提升了多少出身非首都的人的錄取機會？真的變得和其他人擁有一樣的錄取機率嗎？撇除例外的情況，實際上很多時候依然會碰壁。原因在於，從實現平等的首要條件「擁有同等實力」起，「出身非首都」的條件，多數便早已是個困境。

因此，才必須強調「實質平等（substantive equality）」的重要性。雖然盲試是個降低評審偏向的重要方法，卻也不能否認僅去除個人偏見並不會減少歧視的事實。若想體現實質平等，單憑同等對待所有人是不夠的。需要斷絕不平等代代相傳的再分配政策，也必須和針對少數群體的偏見與烙印對抗，以及建立考量個人多樣性的制度等其他措施[11]。

重新回到廁所的爭議。假設現在為了讓任何人都能使用廁所，而將標示牌換成「所有人的廁所」，結果是如何？儘管原本因為區分性別不自在的人們會對使用廁所一事感覺稍微好些，問題卻依然存在。更換標示牌，不會自然而然地提升身心障礙人士的近用權；如果讓所有人都使用既存設置男性便斗的廁所，不僅女性用的廁所數量會變得相對不足，也解決不了女性對性犯罪的恐懼。

因此，真正需要的是能同時滿足普遍性與多樣性的對策。缺乏多樣性的普遍性很容易淪為幻象、障眼法，僅是將標示牌換成「所有人的廁所」，自然也免不了受限。如果想實質地成為讓所有人都能感覺自在、安全的廁所，需要全面考量所有使用者的多樣性。實際上，需要經過研究，而後重新設計，才有辦法打造出全新樣貌的廁所。必須找出「包含」一切多樣性的普遍性才行。

全球性的實驗早已如火如荼地展開。歐洲與美國等地正設置與使用著「性別友善廁所

（all-gender restroom）」。提升跨性別者或外貌不符合既有性別規範者、保護人與被保護人性別不同等多樣情況近用廁所的可能性。不只是更換標示牌，而是出現了全新的設計。捨棄過去廁所上、下方有空隙的隔間，改以單獨空間的設計保護隱私；此外，也在單獨空間內設置洗手台供個人使用[12]。

我於2017年前往丹麥哥本哈根時，包含哥本哈根大學在內，「性別友善廁所」已在許多公共設施成為常態。在韓國也可能出現這種改變嗎？希望我們的社會也能為了保障女性、跨性別者、身心障礙人士、老人、兒童等，讓任何人都享受安全、自在地使用廁所的權利，而苦思對策並付諸執行。

圍繞廁所的歧視問題，不只是設施的問題。「沒時間上廁所」的故事，出現在零售業、運輸業、醫療業、客服業等各個工作場所[13]。「所有人的廁所」，是將觀念裡的平等體現的具體人權計畫。這項為了實踐「包含多樣性的普遍性」的創意計畫，值得我們一起討論、研究。

■ 差異之肯認

直到不久前，對我們而言稍微熟悉的平等之意義，仍與「分配」相關。所謂「不平等」，主要代表經濟層面的不平等，學者們也聚焦於如何發展出能將社會共同創造的財富與資源再分配給所有人的理論與制度；追求與發展出至少能讓所有人的生計受保障，並接受基本的教育與醫療服務，以及活得像個人的社會保障制度。

然而，因經濟層面的不平等鄙視特定群體一事，確實有部分是起因於文化的規範。肯認政治（politics of recognition），就在群起對抗種種不承認與無視的平等主義運動中登場。以「承認我的存在」的吶喊，抵抗社會的偏見與侮辱，要求生為有尊嚴的人應有的平等對待與尊重。從此迎來了要求物質層面的平等分配資源，與看似抽象的社會關係與文化變革的時代[14]。

南希·福瑞澤（Nancy Fraser）表示，「經濟的不正義與文化的不正義，通常猶如彼此的影子般交互纏繞，其中一方總能藉由辯證法強化另一方」[15]。會強制讓被忽視的人無法獲得機會後，結果使其再度遭受忽視與排斥。福瑞澤透過以下內容解釋這項惡性循環。

> 當對某件事存在不公正偏見的文化規範被納入國家與經濟體系的制度，造成的經濟損失便會妨礙其同等參與創造公共與日常的文化。結果往往會演變成各種文化附庸與經濟附庸的惡性循環。[16]

諷刺的是，在韓國，制定反歧視法的嘗試，反而成了社會公開展現對性少數群體不認同的導火線；對性少數群體的抗拒，也因此成為認同政治或身分認同政治（politics of identity）。即使性少數群體經歷的雇用歧視、醫療近用權、社會保障權等，具體與機會、資源相關的案例層出不窮，但佇立於所有抗爭最前線的是——「原原本本地」將性少數群體平等認同為人的要求。因為「認同」，便是一切的起點。

認同，並非單純認同「人」的普遍性，而是認同人的多樣，即囊括了對「差異」的認同。無視群體間差異的「中立」思維方式，促使了排斥部分群體的持續進行。只因這種假裝成「中立」的立場，實際是奠基於將主流群體設想成正常，以及將其他群體評定與壓制為脫序的偏頗標準之上[17]。艾莉斯．馬利雍．楊（Iris Marion Young）所說的「差異政治（politics of difference）」，正是在強調為了挑戰這種基於隱藏排斥、壓迫的「中立性」而形成的「差異」[18]。

為了平等而強調差異？乍看之下，或許是個相當矛盾的主張。人們為了提倡「同等」的平等而談論「差異」，站在形式平等的觀點，確實無法理解。一方面高呼著「不要歧視女性」，另一方面卻又述說著女性的差異與要求制定女性相關政策，看起來的確有些矛盾；只要主張關於性少數、新住民等特定群體的權利，便會引來此舉是要求優待而非平等的聯想。

假如所有類別都是源於任意的偏見，我們反而可以提問：「是否唯有消除一切類別才是正確的手段？」即便能接受「黑人與白人並無不同」的主張，「黑人的命也是命（Black Lives Matter）」的口號，卻令人感覺更像是在強化區分種族的排他口號。隨著批判這場運動而形成的口號「所有人的命都是命（All Lives Matter）」，即是清楚呈現出「普遍性」有時是基於隱藏歧視的壓迫。原因在於，後者存在不凸顯黑人經歷歧視的壓迫效果[19]。

強調性少數群體差異的原因，唯有這麼做才能嘗試將其從被壓迫的狀態中解放，並以可被看見的政治主體身分發聲，爭取實質的平等。儘管如此，強調差異的思維方式，終究蘊含著深化既有的隔離體制與烙印，或使其繼續維持的風險。舉例來說，專為身心障礙人士制定的政策，雖能提供完善社會結構不利於身心障礙人士的機會與資源，同時卻也可能成為將身心障礙人士歸為「需接受社會支援的次等受益者」的群體烙印。愈強調群體間的差異，彷彿愈穩固歧視的「差異困境（dilemma）」，究竟該如何解決？

艾莉斯．楊聚焦於「差異」一詞的解析。「不同」這個詞，並沒有公平地使用在所有人身上。所謂「不同」，只用來指稱受排斥與壓迫的人，並視主流群體為中立[20]。對「中立」的人而言，眼前存在無數可能性，但對「不同」的人而言，卻僅擁有數種被規定的可能性[21]。結果，「不同」一詞不是相對地代表「彼此不同」的意義，而是絕對地意味著被固定的特定群體[22]。因此，「差異」形成了烙印與壓迫的基礎。

如同「多文化」一詞在韓國社會並非意指所有人都擁有多樣文化，反而用來指稱文化的少數群體（參照第6節）。此處的差異，即是以「韓國人」為基準的不同；實際上，也正是包含了背離「正常」的意思。哪怕是經常用來強調多樣性的口號「不同不是錯」，此處說的「不同」，若是用來指從主流群體標準「脫序」的某種東西，那麼口號本身便成了以「錯誤」為前提的矛盾形容。

艾莉斯．楊認為，應該重新定義具壓迫意味的「差異」。她表示，「將主流群體的立場視為普遍時，並非僅是標籤非主流的不同，而是從關係上相對化來理解差異」[23]。正如女性各有不同，男性亦然，身心障礙人士各有不同，非身心障礙人士亦然的相對觀點。因此，差異不是本質上固定的東西，而是會依循脈絡流動的[24]。坐輪椅的人並非「永遠」存在差異，就算在體育競賽等特定脈絡時有差異，也會在換作其他脈絡時變得沒有差異[25]。

在如此漫長的討論後，很自然會浮現煩膩的感覺，只是，卻也迎來更艱澀的結論——我們每個人都是既相同又不同的。站在認為你我本質上不存在差異的觀點上，我們都能共享生而為人的普遍性，但只要世界仍存在歧視的一天，我們都應該去理解其中的差異。

■成為平等社會的公民

當針對特定群體的鄙視言論的批判聲浪，隨著社會對歧視的關注度增加而升起，也開始出現關於因要求「政治正確（political correctness）」造成壓力的控訴。在韓國，一位媒體人因將要求政治正確的人的「過度敏感」拍成嘲諷影片而引起爭議；在美國，同樣有人主張政治正確是一種會妨礙學術討論的自我審查。關於嫌惡言論的規定，與過度限制表達自由的主張，掀起了各執一詞的爭議[26]。

不難預見單純地讓幾句話或幾種行為消失，根本無法完全解決根深蒂固的歧視問題。恰如本書至此論及的內容一樣，在歧視已成為結構化的社會，個人做出的歧視言行通常都是習慣且無意識的。因此，站在不清楚自己究竟做出什麼樣的言語或行為會成為歧視的立場，確實有可能無法認知。如果連這種認知的限制都無法察覺，那麼會對「應該做出正確言行」一事感到壓力也是相當正常的反應。

如何解決這種心理層面的壓力，將對情況產生很大的改變。關鍵在於，必須選擇究竟該歸咎於給壓力的人，抑或是接受這份壓力是自己的責任。反駁「政治正確」的人，認為與歧視相關的討論過度且不當。於是，內心先一步地對以「平等」之名漸漸產生的變化感到不自在。然而，為了追求平等而必須承受的變化，真的比此刻的不平等來得有壓力、不自在嗎？換句話說，我們真的對此刻的不平等感到自在嗎？

置身不平等社會的生活，會因自己的地位出現極大的不同。在這種社會裡，個人滿意度會隨地位的流動性產生變化。儘管不平等，但只要有「機會」能攀上高位的話，人們便會感到安心。只是，為了攀上舒適的地位而傾注一生的艱辛實在難以言喻。就像「若感覺委曲，就想辦法成功！」這句話一樣，為了避免在次等地位必須經歷的侮辱與無視，至少也要確保自己能擁有預想中理應贏得他人認同的成就。

不平等的社會，帶來的是生活的身心俱疲。永遠無從得知究竟要攀至什麼樣的地位，才能得到所有人的認同，而後達到滿意的狀態。起初抱持著只要比別人獲得更多認同便能無視他人的動機而登上一定地位的人們，卻換來極度不幸的結局。只因學識與經歷豐富並肩負帶領社會改變責任的人們，到頭來竟成為創建平等社會的最強抵抗勢力。

再加上，阻礙地位流動性的條件，如：性別、種族、身心障礙、性取向、性別認同等個人特徵，基本上便是穩固不平等的要素。為了彌補這一切，於是被要求必須比別人培養更多其他的能力。因為是女人、因為是新住民、因為是身心障礙者、因為是性少數者，所以被要求付出更多努力[27]。一個人不屈不撓、努力「克服」一切不利的成功神話，終於贏得讚頌。

不平等的社會之所以令人身心俱疲，原因在於不當縱容仰賴個人努力解決結構性問題。關於名為「不平等」的社會不正義的責任，必須由遭受歧視的個人獨力背負[28]。因此，生活令人不安。無論病痛、失敗或任何原因，都必須為了不被擺放在少數群體的位置而不間斷地謹慎注意。當非自願地被置於少數群體的位置時，便得在否認事實與承受痛苦中度過不少時光。

社會決定了一種標準後，要求個人配合該標準的同化主義傾向，本質上是對自由的掠奪[29]。約翰·斯圖爾特·彌爾曾在１８５９年發表的《論自由》提出警告。

當我們在以劃一型態存在的生活幾乎變得固定後才嘗試翻轉時，便是一種不

敬、不道德的行為，甚至還得承受各種像是「違反大自然的怪物」之類的批判與攻擊。儘管人們暫時將多樣性隔絕在生活之外，也是因為瞬間忘記其重要性。[30]

（省略原文強調的部分）

正如彌爾的憂慮，你我的生活早已固定成相當劃一的型態。因此，我們必須做出選擇。究竟該為了維持不平等的世界繼續受苦？抑或是為了創建平等的世界熬過不自在感？這個選擇不單純是個人的受苦或不自在，而是攸關嘗試建立何種社會的共同價值與嚮往。我們必須針對是否期望創建真正平等的社會下決定。

圍繞歧視的一次次衝突，皆是源於「我不要成為做出歧視言行的人」的強烈渴望或希望。真正需要做出決定的，是儘管如此也願意直視世界不平等與歧視的勇氣。於認知自己是否處於對歧視敏感或鈍感位置的同時，能不能在面對太過熟悉的某些言論、行為、制度等時，以是否為「歧視」的存疑態度看待世界呢？當有人指出自己看不見的歧視時，是否能以謙遜的心傾聽與省察，而非即時防禦與否認呢？

當歧視與壓迫在日常生活中多數是無意識且非刻意的習慣、玩笑、情緒、用語、成見等時，便如同艾莉斯・楊所言「很難不分青紅皂白地批評人」。艾莉斯・楊也說：「儘管如此，儘管是無意識與非刻意，人們與制度依然可以，也必須對促使壓迫的動作、行為、態度等負起責任。」[31]此處的「責任」，指的是「省察從前無意識的行為，以及改變習慣與態度的責任」[32]。

因此，面對自己在不知情的狀況下做出的歧視，與其豎起「是你太敏感」的防禦，不妨藉此成為「自己早該努力瞭解更多卻沒有想到」的省察契機。身處不同位置的你我，大可透過對彼此訴說與傾聽歧視的經歷，感知與爭辯被隱藏，或因習慣而不被看見的不平等。我們必須傾注一生費心與鑽研的，是從「為了不被歧視而努力」變成「為了不做出歧視而努力」。

這一切的改變，可視為公民們藉由自發努力成就的一種文化革命。身為有責任創建平等社會的公民，必須透過公民運動學習存活下去的方法。然而，以共同體的原則闡明平等的價值後，終究需要能讓嶄新的秩序紮根於我們社會各處的法律與制度。因此，關於日常省察與實踐平等法律與制度的探討更是不可或缺。

這一切，皆是以「平等」的原則作為標準而建立的新秩序。人類為了持續創設並執行共同體的運作規則，構築了保障個人自由與尊嚴的制度。恰如我們展現拒絕以暴力對待有損同為公民的他人的自由與尊嚴的堅定態度，同樣可以，也應該承諾打造並遵守關於堅定拒絕歧視的規則。

誰將一同參與這場邁向平等的運動？我們無法期待所有人都會一同參與。毫無抵抗便能推動平等更進一步的歷史並不存在。不過，有人仍願意不顧自身所處的位置或地位，挺身站在正義的一方，對少數群體伸出盟軍之手。最終，我們每個人都成為了少數，憑著「愈團結愈強大」的精神改變世界[33]。在你置身的位置，你將做出什麼選擇？

第10節 — 關於反歧視法

名為《反歧視法》的解決方法

筆者撰寫本書的此刻，反歧視法仍是未完成的法律。《反歧視法》這個名稱，始於2007年。韓國法務部曾嘗試制定的反歧視法，共由35條組成，且內容很簡單[1]。其中包含規定不能做出歧視言行的原則、計劃關於歧視的國家政策、具體化各領域的歧視類型、因歧視受害的人得提起訴訟以糾正歧視或獲得損害賠償等內容。無論是這項法案，或是後來再提出幾項類似的反歧視法案，統統無法完成制定[2]。為了制定反歧視法的運動，依然持續進行著。

既然反歧視法尚未制定，是否就代表歧視也沒關係？當然不是。憲法第11條早已禁止歧視；在韓國以當事國身分加入並負有履行義務的國際人權公約中，同樣也禁止歧視[3]。平等，是所有人類的基本權利，同時也是運作民主主義社會的原則，任何人都不該受歧視的要求，更是現代社會的根本規範。

此外，韓國還有國家人權委員會法。因歧視受害的人，可以向國家人權委員會陳情案件。經受理與調查案件後，國家人權委員會會判定是否存在歧視之事實。接著，按照判定結果向做出歧視的人或機關提出糾正勸告。做出歧視的人或機關必須盡力尊重與履行國家人權委員會的勸告[4]。國家人權委員會是救濟因歧視受害的人的重要政府機關。

既然憲法上早已禁止歧視，另外還有國家人權委員會扮演救濟的角色，那為什麼仍需要反歧視法呢？在此想先說明一點，自最初提議制定反歧視法，至歷經十多年後的現在，制定反歧視法一事本身，已經成為彰顯韓國社會有意嘗試消除歧視的象徵指標。然而，在討論反歧視法的象徵性前，必須先探究法律層面的意義。

若想實踐憲法上的基本權，法令不可或缺。例如憲法第31條雖保障了受教權，但仍需要為了實際保障這項權力的具體制度、機關、人事、程序、預算等。即使憲法第24條保障了選舉權，卻不代表你我的選舉權能自然地受到保障；即使憲法第33條宣示保障勞動權，同樣不代表所有人都能自發做出保障勞動權的行為。

關於憲法第11條平等與反歧視的權利亦然。單憑第1項的「所有國民在法律之前皆平等。任何人都不得因其性別、宗教，且不得因其社會身分在政治、經濟、社會、文化生活的所有領域受歧視」這段話，並不會讓一切歧視消失。反歧視法是藉由法律明定由什麼人、做什麼事、怎麼做，以實現憲法與國際人權公約原則的具體化作業。

為了保障不受歧視的權利，反歧視法需掌握兩大原則。第一，是國家必須研究保障這些權利的方法；中央政府、地方政府、國家人權委員會等政府機關，必須訂定政策與改善制度、法令以杜絕歧視。

第二，讓做出歧視的人對其言行負責。如果不想受歧視，必須要先讓做出歧視的人消失。要求做出歧視的人停止歧視言行的方式為「糾正措施」。由於在現行法中，國家人權委員會只能「勸告」行為者不要做出歧視，因此當該行為者以各種理由拒絕勸告時，亦無可奈何。反歧視法不是勸告，而是做出糾正措施的命令；其中包含因行為者惡意做出歧視而造成損害時，必須負起賠償責任一事。如此一來，不僅能保障實質救濟，且在這些措施前，也才能賦予人們從一開始就會努力讓自己不做出歧視言行的動機。

然而，法律終究無法一一列出何謂歧視。雖然歧視指的通常是不合理地優待、排斥、區分某人，或對某人做出虧待行為，卻很難將本書提及的案例一一制定成法律。由於相同行為也可能因脈絡不同而蘊含不同意義，因此判斷歧視與否，必須從考慮過實際情況後的脈絡中決定。問題在於，究竟該由誰來下判斷。反歧視法的重要內容之一，是將判斷的角色與責任交由國家人權委員會或法院之類的獨立機關，並超然於個人的利害關係之上，根據平等與反歧視的原則做出決定。

我們很難也無法期待法律能監視、監督你我的一切日常。因此，如：教育、僱傭、使用服務與貨物等，於正式、公開的單位發生的歧視即為主要規範對象。假如有人故意歧視某人、某群體，或助長與煽動該惡意行為的話，便需要類似的管控。不過，與其管控日常發生的瑣碎歧視視線或行為，我們更應該透過有系統地改變教育、全面檢討社會，形塑能具體改善歧視風氣的制度框架。

希望創建任何人都不「遭受」歧視的社會，固然存在數百種解決方法，但反歧視法是其中一種能讓我們不「做出」歧視的即時解決方法。這種解決方法包含了「我也不會做出歧視」的決心。然而，如同你我所熟悉的，表示自己無法一同響應這種決心的反對人士大有人在。

有些人雖然同意「廢除歧視」的目的，卻對是否該由國家出面處理這件事存疑。取而代之的是認為應藉由自發性改善文化，促使社會產生變化的想法。這個想法不僅既理想又值得期待，撇開制定法律的問題，更是根本改變社會的必要手段。只是，在歧視早已蔓延的社會裡，實在很難期待不靠任何法律層面的規範便能達到實質改變。

反歧視法迄今仍屢遭挫折的實際原因，部分人士否定「廢除歧視」的目的本身，並強烈反對制定反歧視法。換句話說，也就是支持「歧視」的意見。過去這段時間，部分保守的基督教界反對制定反歧視法的論點，是視對性少數群體的歧視為正當。為了主張其正當性，一直以來便持續使用「同性戀是罪」、「同性戀是愛滋病的源頭」、「用血汗打拚出來的國家統統毀在同性戀手上」等說法，有組織性且具攻擊性地將性少數群體宣傳成「社會禍害」。

阻礙反歧視法的制定，是在使用正當化與鼓吹歧視的策略。由於愈鞏固社會對性少數群體的偏見與歧視，愈能反對制定反歧視法，因此將提倡歧視用作阻止反歧視法的最佳方法，效果確實很好。至少，直至2019年的此刻，反歧視法依然未能完成制定，而當今政府與國會是否制定反歧視法亦遙遙無期。

■不遺漏任何人

有人小心翼翼地說：

「不能只刪除關於性少數群體的部分再制定反歧視法嗎？」

因為歧視性少數群體人士的強烈反對，迄今仍無法制定反歧視法，為了至少解決其他歧視，出現了刪除「爭議」部分再進行的意見。正是基於躲避這個「爭議」的想法，由法務部於2007年提議的反歧視法中，將包含「性取向」在內的病歷、出身國家、語言、家庭現況與背景、犯罪前科與保護處分紀錄、學歷等項目排除於禁止歧視的理由之外[5]。

由法務部於2007年首次擬定的反歧視法中，當中列出的禁止歧視理由，除了語言外，其他都是早已出現在國家人權委員會法的項目。不顧當時正在實施的國家人權委員會法中的禁止歧視理由，提議反歧視法的法務部依然將其餘的病歷、出身國家、語言、家庭現況與背景、犯罪前科與保護處分紀錄、學歷排除在外。讓我們一起看看在現行規定的國家人權委員會法中，列出禁止歧視理由的第2條第3號。

性別、宗教、身心障礙、年齡、社會身分、出身地區（指出生地、戶籍所在地、成年前主要居住地等）、出身國家、出身民族、容貌等身體條件、已婚／未婚／分居／離婚／喪偶／再婚／事實婚等婚姻狀況有無、懷孕／生產、家庭現況或家庭背景、人種、膚色、思想、政治立場、刑之宣告失其效力的前科、性取向、學歷、病歷等。

禁止歧視的理由看似很多，但當每次在健康狀態、職業、文化、語言、國籍、經濟狀況、遺傳信息等處發現歧視狀況時，都會再進行追加。於是，開始出現「反正只要禁止

『一切』歧視就好？」的疑惑。如同本書前文討論過的部分，普遍性有時是將歧視隱藏得不被看見（參照第9節）。於普遍禁止一切歧視的同時，也必須明示禁止歧視的理由，好讓世界究竟存在什麼樣的歧視能被看得見。

此外，也會針對特定的禁止歧視理由制定個別法令。以2007年制定的《反歧視身心障礙人士與權利救濟等相關法律》為例，其中便收錄了關於禁止以身心障礙為由做出歧視，以及救濟因歧視受害的內容；至於《兩性平等基本法》，則收錄了解決因性別發生的歧視，以及各種為求提升平等的國家政策。這些個別法令，反映出各種歧視的具體行為。

既然如此，「刪除」特定的禁止歧視理由代表著什麼意義？因為沒發現某種歧視而無法將其囊括在內，與一開始就抱持歧視的意圖與目的而反對將其囊括在內，是截然不同的兩回事。原因在於，前者是根據禁止一切歧視的原則且未來仍能再進行追加，後者則已經是破壞了禁止所有歧視的大原則本身。

反歧視法的根本目的，是為了建立能禁止一切歧視的基本原則與制度的全面化體系。在以禁止一切歧視為立法目的的反歧視法中，刻意刪除「性取向」才開始制定法律一事，不僅是破壞了該法律的目的，同時也是立法者故意的歧視行為[6]。

關於反歧視法的「爭議」，反而矛盾地清晰呈現了究竟該禁止什麼樣的歧視。如果人們是「因為」性少數群體而反對反歧視法的話，歧視性少數群體的事實便變得鮮明，於是才更需要禁止反對以性取向與性別認同為由做出歧視；如果人們是「因為」新住民、穆斯林而反對反歧視法的話，即代表歧視種族、膚色、出身國家、宗教的事實顯然存在，於是才需要禁止類似的歧視。

有人說，因為反歧視法沒有「社會共識」，所以很難完成制定[7]。此時的社會共識，可以被理解為「至少要通過多數決」的意思。然而，因多數決制度本質上的限制而發生的歧視現象，再用多數決解決的話，會是有意義的解決對策嗎？（參考第8節）會因此能夠在無紛爭的狀況下制定反歧視法嗎？就像本書談論過的一樣，渴望改變既有不平等的社會秩序，很難期待沒有「爭議」。

反歧視法作為一條法律，制定與否當然需要很多人的同意。只是，導向同意的過程，可不能採取權衡利害關係的競爭，多數者勝出的方式。關鍵不在於群體間的共識，而是該以人權與正義原則為中心。我們需要的同意，必須是關於創建平等民主主義社會的基本原則，而非包容「理應歧視某人」的多數主張，然後根本地破壞民主主義。

因此，反歧視法的原則應該是「不遺漏任何人（No one left behind）」。其實，起初在嘗試將禁止歧視的憲法命令法制化的公開討論場合上，接受了露骨地違背這項基本原則，且有組織性地做出歧視的人的主張本身已是個錯誤。相較而論，當制定杜絕不當請求的法律時，由於希望維持不當請求的人即是直接受約束的對象，因此這些人不能對討論發揮任何影響。原因在於，不能聽從並反映這些人的論點去破壞法律。

然而，政府與國會傾聽了支持歧視的人，亦即應受管束的對象的論點，正是反歧視法迄今仍無法完成制定的根本原因。不是沒有社會共識，而是因為理應遵循憲法原則的政府機關沒有盡到本該遵守這項原則的責任。導致的結果，是讓更多人因此確認自己愈是參與歧視，愈是能從責任中「安全脫身」。如同當所有人都參與貪汙腐敗時，獨善其身也會變得不可能般，愈多人參與的歧視，也正在蠶食鯨吞整個共同體。

■追求平等的積極手段

由於反歧視法是未完成的法律，最終內容為何需經由社會全盤深思熟慮後才能做出決定。恰如本書談過的，「一樣就一樣」的形式平等雖是最基本的方式，卻不可能成為充足的措施。為求實現實質的平等，必須要有考量現實不平等條件與多樣性的積極平權措施（affirmative action）。積極平權措施，意味將根據情況對遭受不利的群體採取需要的特別措施，以實現平等[8]。

積極平權措施代表的，不是為了不讓歧視發生「不應該」做些什麼，而是「應該」做些什麼。有時，基於惠及特定群體的積極立意而實施某些行動的措施，也會常被稱為「優待」措施，引起誤會。既然沒有這些措施會處於不平等的狀態，嚴格來說，實在不能將其稱之為「優待」[9]。

舉例來說，為了保障身心障礙人士的選舉權平等，有些「不應該」的事，卻也有些「應該」的事。投票所不應該設在必須爬樓梯才能抵達的地方，即是「不應該」的事；至於「應該」的事，則是應該為了視覺障礙人士製作點字型選舉公報、為了聽覺障礙人士提供選舉相關媒體的字幕或安排手譯師、為了智能障礙人士製作容易理解的選舉公報等。即使執行這些事需要預算，卻不是優待，而是為了平等的措施。

當積極平權措施設計成限定給予特定群體受惠資格的型態時，大多會出現反對意見；當「受惠」範圍涉及金錢或職業、教育機會等他人同樣希望擁有的東西時，反對聲浪更是劇烈。舉例來說，試想讓女性人數占國會議員比例席次代表超過50%的婦女保障名額制[10]。基於限定比例代表席次的要求，而必須將國會議員席次保留給距離席次過半還有一大段距離的女性，於是也引起反彈稱這是對男性不利的「逆向歧視」[11]。

由於這種類型的積極平權措施僅是形式平等，無法達成實質的平等，因此才得以被採用。單憑「任何人都能成為國會議員」這句話，根本不可能讓女性成為國會議員。在既存以男性為中心的政治圈裡，女性參與的機會很少，沒辦法想像女性成為國會議員的當權者們也統統把票給了男性。於是，國家必須積極介入讓女性成為國會議員，直至確保女性國會議員能自然地達一定標準為止。同理，為了持續處於結構上不利條件的群體，同樣存在須由國家介入並給予特別支援的情況。

企業或學校採取的多樣性管理（diversity management），同樣也具有積極引用少數群體的性質。舉例來說，關於性少數議題，由《財富雜誌（*Fortune*）》於2017年選出的500大企業中，91%明示禁止以性取向為由做出歧視的政策，83%更明確將「性別認同」列入禁止歧視政策之中[12]。Google、Apple、Nike、Adidas等，不僅在自家企業中禁止對性少數群體的歧視，更積極挺身參與支持性少數群體的社會活動[13]。

企業希望延攬包括人種、民族、性別、身心障礙、宗教、性取向、性別認同、出身國家等多樣人才的原因，可以分為兩大層面。其一，是多樣性管理能對企業利潤帶來實質的助益。將擁有多樣性背景的人才引進企業，不僅能夠提高創造力，多樣化員工還能對多樣化顧客需求敏銳地做出反應，且作為沒有歧視的良心企業，更能獲得正面評價，形成良性循環[14]。既然如此，站在企業的立場，假如對利潤沒有幫助的話，是不是就代表能廢除多樣性管理？

企業選擇多樣性管理的另一個原因，是為了肩負起提升人權的社會責任。今時今日的企業不再只是單純的營利組織，身為社會的一分子，而是該被理解為「具道德責任的主體」。2000年，經世界各大企業採納的聯合國全球盟約（UN Global Compact），即表達了這項意志與願景。來自全球的企業承諾將共同努力讓包含「廢除雇用與業務之歧視」在內，關於人權、勞動、環境、反貪腐等十大原則，體現於企業的管理經營[15]。

對於認為平等是「零和遊戲」的人而言，這些積極平權措施感覺猶如是在搶奪自己的一部分般（參考第1節），認為「你得利就是我損失」與「我得利就是你損失」。然而，女性權利提升，是否等於男性權利的減少？提升學生權利，是否等於老師權利的減少？性少數群體權利的增升，是否等於非性少數群體權利的減少？援助難民，是否會對國民造成損害？真是如此嗎？難道不存在讓所有人都得利的雙贏（win-win）的可能性嗎？

「少數群體的利益是多數群體的損失」這個不見盡頭的爭議，是現今韓國社會到處可見用來作為推延平等的論點。在這樣的格局裡，只剩下「對我有利的歧視無妨，對我不利的歧視無法」的利害關係。「只剩一顆豆子也要分享著吃」的風氣，或「五餅二魚奇蹟」的宗教道理，統統消失得不見蹤跡，現今「善良風俗」代表的是排斥陌生景象裡的某人[16]。

希望大家能思考一下關於共同生活在這個世界的方法、作為共存條件的「平等」的意義。置身早已被固定的「正確」生活不再是規定的解體時代，或許會令人感覺難受、混亂，這卻也是人類獲得長久以來渴求的自由的過程。當名為「人民」的多數也能享受過去僅有名為「王公貴族」的少數才能享受的自由，接下來，直到被放置於社會之外的所有人統統都能享受到這份自由前，世界仍需要再改變一些。

即使《反歧視法》制定完成了，本書的不少內容依然可以成為爭議的對象。就算我們採納了消除歧視的基本原則，卻依然過著難熬的時刻。希望讓歧視實際從日常生活中消失，未來還得花上更多時間。即便很久以前就藉由法律禁止性騷擾，但瞭解何謂性騷擾，進而不去做出這些行為的過程，同樣花了很多時間，且至今仍不斷地在進行改善。儘管如此，韓國社會還是下了不再讓性騷擾發生的共同決定，也正朝著那個能使社會進步的方向前進。

所有人都盼望平等，但僅有一顆善良的心根本無法達成平等。為了不在不平等的世界成為「善良的歧視主義者」，我們必須想像在你我熟悉的秩序以外的世界。基於這項立意而制定的《反歧視法》，是代表我們即將創建何種社會的象徵與宣言。單憑法律的制定並非結果，過去的十多年來，不，這是從以前開始就對歧視與平等進行爭論，作為苦思的成果做出的決斷。等到制定《反歧視法》與否的衝突結束後，我們再來談如何在這塊土地上實踐平等。恰如漢娜·鄂蘭所言，當我們一起做出決定的瞬間，平等就在此時此地達成。

平等，不是理所當然給我們的東西；平等，是人類受正義原則支配的產物。你我皆生而不平等。唯有遵循你我互相保障彼此權利同等的決定，才能平等地成為同一群體的一分子[17]。

結語——我們的世界

電影《我們（The World of Us）》（2016），由孩子們在小學操場分組的畫面揭開序幕。在「剪刀、石頭、布」挑選組員的喧嚷聲背後，等待自己能被選為組員的李善（崔秀仁飾），眼神不安地閃爍著。理應歸屬於某處，卻處處不受歡迎的李善，最終沒有被點名，而躲避球比賽已經開始。

這部電影太過栩栩如生地呈現了童年時期焦慮自己不屬於任何群體的恐懼。對於稍微經歷過這種恐懼的人而言，這部電影就彷彿是恐怖驚悚片。因為未能受邀參加朋友的生日派對而受傷、為了郊遊時能找到一起吃飯的朋友而東張西望、為了討朋友歡心而說謊的畫面，瞬間喚醒了在隨著離開名為「學校」的空間後，早已被深深埋葬了數十年的情緒。

電影揭示了你我錯覺天真爛漫與單純的童年，實際卻比任何時期來得殘忍。在名為「教室」的小小世界裡，此刻僅僅過了十歲的孩子們，不增不減地重現了世界的歧視。因「家裡窮」、「父母離婚」、「爸爸酒精中毒」而被嘲笑、排擠。到了其他學校，背負著曾被「霸凌」的烙印，成為了再次遭到排擠的原因。「有臭味」、「騙子」……鋪天蓋地的傳言與誣陷，分裂了那個小小世界，造成更多的矛盾衝突。

我在本書提過的許多歧視故事，或許，正是始於那個小小世界。當名為「朋友」的共同體，不是一段輕鬆展開的關係，而是密實封閉的關係時，無法屬於其中的不安也只會變得更嚴重。以最近的流行語來說，這道二選一的選擇題是——要不成為與多數人和得來的社交達人（insider），要不成為與任何人都合不來的邊緣人（outsider）。劃分社交達人與邊緣人的標準確實存在，而在此也重現了因外貌或能力等原因產生的各種歧視。

大概是因為如此，小時候，每次到了學期初，很想和朋友混熟的我，為了獲得確實擁有朋友的安全感，總是努力忙著和幾個人組成小團體。過了幾十年後的今天，我時不時還是能在大學校園發現這種不安。偶然在第一堂課時坐在附近的人也好，住在同個地區的人也好，唯有找些理由交朋友才能安心，才能專注於學校的生活。即使在離開學校，進入職場後，依然會擔心著排擠與欺凌。合群的恐懼，儘管在成人之後，亦未曾輕易畫下句點。

被趕出某個群體界線之外，是件令人憂慮的事。為了進入界線之內，我們犧牲了許多。在這本書中，我想說的或許是一種關於對抗這種「合群的恐懼」的方法。我想表達的是，與其為了歸屬成為「完美」的人而努力，或假裝自己是那種人，不如一起想像歡迎所有人原有樣貌的世界。夢想著建立一個至少不用因為擔心自己被排斥而去取笑、捉弄、踐踏他人，能夠寬容擁抱所有人的平和社會。

電影《我們》的最後一幕，重新回到了學校運動場的躲避球比賽。原本在電影開頭時，朋友們對著李善說「踩線了！」「你走開！」的場面，在電影的最後同樣發生在韓智雅（薛惠仁飾）身上。不過，有別於電影開頭時沒有任何人願意站出來為李善反駁「沒有踩線！」在電影的最後，李善為了智雅發聲。「喂！韓智雅沒有踩線！」躲避球比賽繼續進行，電影也在暗示「為了不讓自己被排擠而排擠彼此的矛盾，便以此化解了」中落幕。

歧視，不單是限於象徵「社會弱勢」或「少數者」等特定群體，更是關乎組織你我每一個人生活的關係。因此，我們不妨試著從本書中基於各種原因做出歧視和受歧視的無數關係裡，回頭檢視你我究竟該如何建構我們的生活。然後，建議大家慢慢卸下武裝，一起試著打造雖然有些鬆散，但能夠包容陌生人事物的自在關係。

如同本書提及的，當「我們」一詞是以「他們」為前提時，便有了排他的意義。在電影中，教室內同樣存在不斷創造新的「我們」而後又解體的矛盾。然而有沒有可能，不是一個封閉群體的「我們」，而是由無數個「我」交錯而成的共同關係形成的「我們」呢？我希望成為的不是隨便喝斥他人「踩線了！」「走開！」而是同為熱情與開放共同體的「我們」。

感謝的話

本書的不少部分都是在為江陵原州大學多文化系的「少數群體與人權」備課，以及課堂中與學生的對話發展而成。幸虧學生們願意誠實分享自己關於「歧視」如此艱難的主題的想法與經驗，我才得以接受到更多問題，並藉由研究的過程一起成長。另外，也很感謝參與這名稱看來範圍說大不大，說小不小的「人權教育」課程，並坦白分享自己的意見的各位。我明白，授課不是自己在教導某人，而是自己在學習更多的過程。透過這段過程，我才得以發掘「歧視」是以多麼複雜的模樣現身於我們的生活中。很感謝包括在序言中提過的，向我提問「您為什麼會使用『選擇障礙』這個詞？」的那位與會者，以及在各個討論會上遇見的各位。各位一定不知道我有多麼感激有人願意花時間傾聽自己的想法，並誠懇給予回應。

一直以來，我透過難以數計的人說過的話與文章得到許多幫助並得以進行研究。包括SOGI法政策研究會、新住民女性人權論壇、韓國性少數者研究會、反歧視法制定聯盟在內，因為現場的無數社運人士與研究學者，我才有了省察與學習、思考的時間。感謝帶領與鼓勵我研究歧視的李準一老師。同時，我也在作為律師與社運人士，參與各種歧視事件並積極應對的柳閔熙、朴韓希、李昇賢、張序姸、趙慧仁、韓佳藍身上學到了許多。謝謝你們成為我的好同事。

羅英廷社運家與美柳社運家，在讀過本書初稿後，給了我不少寶貴的意見。托兩位的福，我才得以找出更多自己沒有想到的部分，並進行改善。若仍有不足之處，則全歸咎於我。感謝比我還要重視原稿並細細詳讀的崔智秀老師，以及創批編輯部。在此，同樣感謝在我準備這本書時，不吝給予鼓勵的朴映慶老師。感謝從我一開始計劃、撰寫，到完成本書的每一刻，總是閱讀著未經整理的原稿，甚至連我瑣碎的煩惱都願意耐心聆聽並給予意見的賢敬。感謝一輩子支援我盡情讀書的父母，以及時刻溫暖、細膩地感動我的妹妹恩惠；也感謝在書桌上走來走去，擋住電腦螢幕、亂按鍵盤，頻頻失禮於這本重要著書的可愛貓咪瑪露、小月、歐茲、糖糖。最後，想把這本書送給特別喜歡坐在書上，於去年黃色野花盛開的初夏走向彩虹橋另一端的小院子。

（註：以上人名、動物名皆為音譯）

2019年7月
金知慧

第1節｜ 改變自己站的位置，景色也會變得不同

1 推特帳號@sungjaegi，Twitter，2012.10.5
2 〈「消除女性專用」……男性對逆向歧視的「叛亂」〉，《KBS新聞》，2012.7.28
3 〈認識「男性連帶」○○○〉，《異議日報》，2013.7.29，參考http://www.ddanzi.com/ ddanziNews/1351628（2019.2.21閱讀）
4 另，根據韓國女性政策研究院的統計資料，在2018年的國家考試合格者中，女性人數比例佔行政考試36.7%、外交官候選人60.0%、律師考試44.0%。韓國女性政策研究院性別認知統計資料庫，http://gsis.kwdi.re.kr:8083/statHtml/ statHtml.do?orgId=338&tblId=DT_1HB1009R（2019.6.26閱讀）
5 人事革新處《2018人事革新統計年報》通卷4號，2018年 7月，第27頁
6 Kelly Danaher & Nyla R. Branscombe, "Maintaining the System with Tokenism: Bolstering Individual Mobility Beliefs and Identification with a Discriminatory Organization," *British Journal of Social Psychology*, 49, 2010, 第343～362頁
7 Nyla R. Branscombe & Robert A. Baron, *Social Psychology*, Pearson 2017（14版）, 第195頁
8 同書第195～196頁
9 由國家指標提供的「女性相對於男性的薪資比例」之統計。根據僱傭勞動部僱傭型態類別的勞務實際狀態調查結果http://www.index.go.kr/potal/main/EachDtlPageDetail.do?idx_cd=2714（2019.5.20閱讀）
10 Peggy McIntosh, "White Privilege: Unpacking the Invisible Knapsack," *Peace &Freedom*, July/August 1989, 第10～13頁
11 Barry Deutsch, "The Male Privilege Checklist: An Unabashed Imitation of an Article by Peggy McIntosh," https://www.cpt.org/files/US%20-%20Male%20Privilege%20Checklist.pdf（2019.2.21閱讀）
12 奧茲萊姆．森索伊（Özlem Sensoy）、羅賓．狄安吉羅（Robin DiAngelo）合著《人人真的平等嗎？》，홍한별譯，착한 책가게出版，2016，第116～117頁
13 Barrington Moore, Jr., *Injustice: The Social Bases of Obedience and Revolt*, Routledge，2015
14 同書；齊格蒙．包曼（Zygmunt Bauman），《為什麼我們接受不平等？》，안규남譯，동녘出版，2013，參考第87～91頁
15 Branscombe & Baron，前書第187頁
16 Daniel Kahneman & Amos Tversky, "Choices, Values and Frames," *American Psychologist*, 39(4), 1984, 第341～350頁；丹尼爾．康納曼《快思慢想》，이창신譯，김영사出版，2018，參考第411～426頁

17 Branscombe & Baron，前書第188頁；Michael I. Norton & Samuel R. Sommers, "Whites See Racism as a Zero Sum Game That They Are Now Losing," *Perspectives on Psychological Science*, 6(3), 2011, 第215頁

18 최유진等人，〈2016年兩性平等實際狀態分析研究〉，女性家庭部，2016

19 認為現在社會對女性不平等的女性佔74.2%，對於「五年後展望」的回答則減少至46.7%；男性受訪者亦出現類似答案，認為現在社會對女性不平等的男性佔50.8%，對於「五年後展望」的回答則減少至26.6%。相反的，認為現在社會對男性不平等的女性佔11.2%，對於「五年後展望」的回答則增加至19.1%；男性受訪者亦出現類似答案，認為現在社會對男性不平等的男性佔21.6%，對於「五年後展望」的回答則增加至30.6%。參考同文第247、251頁。

20 《「未婚女老師的身價更高」，李英雨教育局長發言引發爭議》，《Oh my News》，2017.8.3

第2節｜ 我們不會只站在同個地方

1 為民意調查機構Realmeter以全國滿19歲的500名男女為調查對象，透過無線（80%）、有線（20%）並行的隨機電話訪問抽樣結果，回答率為4.2%，抽樣誤差的可信度為為95%±4.4%p。〈「Realmeter-tbs懸案調查」關於第二次收容濟州葉門難民之國民輿論調查〉，2018.7.4

2 Ashleigh S. Rosette & Leigh P. Tost, "Perceiving Social Inequity: When Subordinate Group Positioning on One Dimension of Social Hierarchy Enhances Privilege Recognition on Another," *Psychological Science*, 24(8), 2013, 參考第1420～1427頁

3 Mahzarin R. Banaji & Anthony G. Greenwald, *Blindspot: Hidden Biases of Good People*, Bantam 2013, 第78～79頁

4 Gordon W. Allport, *The Nature of Prejudice*, Basic Books 1979（25周年版），第20頁

5 Banaji & Greenwald，前書第80～87頁

6 同書第83～84頁

7 Chris, "15 Character Traits About Korean People," https://www.mrvacation.com/traits-about-korean-people/（2019.2.23閱讀）

8 Walter Lippmann, *Public Opinion*, Harcourt Brace & Co. 1922

9 IVY國際婚姻，「不同國家新娘的優點」，http://www.ivykwed.com/pages.php?id=54（2019.2.23閱讀）

10 Lippmann，前書

11 Nyla R. Branscombe & Robert A. Baron, *Social Psychology*, Pearson 2017（14版），第201頁

12 同書

13 John M. Darley & Paget H. Gross, "A Hypothesis-Confirming Bias in Labeling Effects," *Journal of Personality and Social Psychology*, 44(1)，1983，第20～33頁

14 〈平昌的歸化選手們，我們一起跑吧〉，《韓民族日報》，2017.9.12

15 〈勸阻朋友打架的瞬間，結束了十年的韓國生活〉，《韓民族日報》，2013.1.11.；〈強制

驅逐蒙古少年的爭議……遭批為「違反人權的情況」〉，《Oh my News》，2012.11.9

16 後來，法務部為了保障兒童的受教權，決定推延要求當事者高中前強制離境之措施。不過，此措施並非賦予未登記的兒童國籍或合法滯留資格。문병기、장임숙、정동재、송형주、박미정，〈關於國際滯留兒童的實際狀態之調查〉，法務部研究業務報告書，2018.11.，第92～93頁

17 以下關於內部群體與外部群體的認識與態度之傾向說明，參考James M. Jones, John F. Dovidio & Deborah L. Vietze, *Psychology of Diversity: Beyond Prejudice and Racism*, Wiley-Blackwell 2014, 132頁

18 Henri Tajfel, M.G. Billig, R.P. Bundy & Claude Flament, "Social categorization and intergroup behaviour," *European Journal of Social Psychology*, 1(2), 1971, 第149～178頁

19 David DeSteno, Nilanjana Dasgupta, Monica Y. Bartlett & Aida Cajdric, "Prejudice From Thin Air: The Effect of Emotion on Automatic Intergroup Attitudes," *Psychological Science*, 15(5), 2004, 第319～324頁

20 同文

21 Muzafer Sherif, O. J. Harvey, B. Jack White, William R. Hood & Carolyn W. Sherif, *Intergroup Conflict and Cooperation: The Robbers Cave Experiment*, Wesleyan University Press 1988.

22 Kimberle Crenshaw, "Demarginalizing the Intersection of Race and Sex: A Black Feminist Critique of Antidiscrimination Doctrine, Feminist Theory and Antiracist Politics," *University of Chicago Legal Forum*, 1989(1), 第141頁

23 DeGraffenreid v. General Motors Assembly Div., etc., 413 F. Supp. 142 (E.D. Mo. 1976)

24 Crenshaw，前文第139～167頁

25 同文第157～160頁

26 同文第157～159、163頁

27 紀錄片電影《妮塔希爾》（2013）詳細記錄本案件

28 〈「Fact Check」圍繞濟州葉門難民的種種傳聞……真相與謊言是？〉，《聯合新聞》，2018.6.19

29 〈因濟州島非法難民申請問題，請願關於難民法、免簽證入境、難民申請許可之廢除／修憲〉，青瓦台國民請願，https://www1.president.go.kr/petitions/269548（2019.6.26閱讀）

30 在入口網站Naver介紹的《聯合新聞》2018.7.20報導〈難民也是人……去趟出入國事務所，連坐都沒地方（綜合）〉中，2019年6月的此刻，共計10951則留言中，有3000多則遭刪除，剩下7813則。https://news.naver.com/main/read.nhn?mode=LSD&mid=sec&sid1=102&oid=001&aid=0010223519（2019.6.26閱讀）

第3節｜ 鳥看不見鳥籠

1 장수명，〈大學排序的經濟收益分析〉，《韓國教育》33卷 2號，2006， 75～107頁；이경희、김태일〈大學順位與主修科系的薪資效果：以性別差距為中心〉，《教育學研究》45卷 3號，2007，第167～197頁

2 김영철，〈幸福不是來自成績高低吧？：「學歷」（出身學校）的非經濟效果預測〉，《經濟學研究》，64卷 1號，2016，第107～150頁

3 Nyla R. Branscombe & Robert A. Baron, *Social Psychology*, Pearson 2017（14版）, 第117～118頁

4 Erving Goffman, *Stigma: Notes on the Management of Spoiled Identity*, Prentice Hall, Inc. 1963

5 同書第1～19頁

6 Steven J. Spencer, Claude M. Steele & Diane M. Quinn, "Stereotype Threat and Women's Math Performance," *Journal of Experimental Social Psychology*, 35, 1999, 第4～28頁

7 同書第5頁

8 Gregory M. Walton & Geoffrey L. Cohen, "Stereotype Lift," *Journal of Experimental Social Psychology*, 39, 2003, 參考第456～467頁

9 同文

10 韓國教育過程評價院，〈報導資料：2018學年大學入學考試成績分析結果發表〉，2018.10.3

11 韓國教育過程評價院，〈報導資料：2017學年大學入學考試成績分析結果發表〉，2017.9.27

12 由公共數據資料庫提供的〈韓國教育過程評價院之大學數學能力測驗資訊〉中，分析〈2018學年度大學數學能力測試標準分數頻率分配表〉之結果。https://www.data.go.kr/dataset/15001549/fileData.do（2019.2.23閱讀）

13 Luigi Guiso, Ferdinando Monte, Paola Sapienza & Luigi Zingales, "Culture, Gender, and Math," *Science*, 320(5880), 2008, 第1164～1165頁

14 Shelley J. Correll, "Gender and the Career Choice Process: The Role of Biased Self-Assessments," *American Journal of Sociology*, 106(6), 2001, 第1691～1730頁

15 不同性別的薪資差異，經分析源於數種原因。主要原因則是：女性年資短、人數佔高所得職種的比例低、多數的工作單位規模小、多數為計時工作人員或約聘人員、多數於無工會的工作單位工作等。存在諸如此類的勞務條件不利，以及無法說明的歧視效果。

16 性別薪資差距（gender wage gap），其定義為對比男性的中等薪資，男女間的中等薪資之差異。OECD, "Gender wage gap(indicator)," 2019，https://doi.org/10.1787/4ead40c7-en（2019.6.26閱讀）

17 OECD, "Education at a Glance 2018: OECD Indicators," OECD Publishing, 2018, http://dx.doi.org/10.1787/eag-2018-en（2019.6.26閱讀）

18 윤자영，〈不同性別的薪資差異之新傾向與長久以來的課題〉，《國際勞動簡要》11卷6號，2013；최세림，〈關於性別薪資差異之爭議：過去、現在，以及政策〉，《國際勞動簡要》17卷 1號，2019，參考第5頁

19 최세림，參考前文第5～6頁

20 亦可稱為「Structural discrimination」。

21 吉野賢治，《掩飾》，현경、한빛나譯，민음사出版，2017

22 Kenneth B. Clark & Mamie Clark, "Racial Identification and Preference in Negro Children," *Readings in Social Psychology*, 1947, 第169～178頁

23 Michael Beschloss, "How an Experiment With Dolls Helped Lead to School Integration," *The New York Times*, 2014.5.6

24 Brown v. Board of Education of Topeka, 347U.S. 483 (1954)

25 同文第494～495頁。省略記號前半部為美國最高法院引用其他分院的判決文。

26 Marilyn Frye, "Oppression," The Politics of Reality: Essays in Feminist Theory, Crossing Press 1983, 第1～16頁

27 同書第7頁

28 Danny Dorling, Injustice: Why Social Inequality Still Persists, Policy Press 2015（2版）

29 奧茲萊姆．森索伊（Özlem Sensoy）、羅賓．狄安吉羅（Robin DiAngelo）合著《人人真的平等嗎？》，홍한별譯，착한 책가게出版，2016，第98頁

30 同書，第98～99頁

第4節｜ 反對所謂玩笑話的理由

1 Alexis Clark, "How the History of Blackface Is Rooted in Racism," History, https://www.history.com/news/blackface-history-racism-origins（2019.6.27閱讀）

2 Blackface," Wikipedia, The Free Encyclopedia, https://en.wikipedia.org/w/index.php?title=Blackface&oldid=903010002（2019.6.27閱讀）

3 同文

4 同文

5 Mark A. Ferguson & Thomas E. Ford, "Disparagement Humor: A Theoretical and Empirical Review of Psychoanalytic, Superiority, and Social Identity Theories," *Humor: International Journal of Humor Research*, 21(3), 2008, 第288頁

6 同文第288～289頁；Laura E. Little, "Regulating Funny: Humor and the Law," *Cornell Law Review*, 94, 2009, 第1245頁

7 Thomas Hobbes, *Leviathan*, 1651, 第4章

8 Dolf Zillmann & Joanne R. Cantor, "Directionality of Transitory Dominance as a Communication Variable Affecting Humor Appreciation," *Journal of Personality and Social Psychology*, 24(2), 1972, 第191～198頁

9 Thomas E. Ford, Kyle Richardson & Whitney E. Petit, "Disparagement humor and prejudice: Contemporary theory and research," *Humor*, 28(2), 2015, 第171～186頁

10 同文第176頁

11 Donald A. Saucier, Conor J. O'Dea & Megan L. Strain, "The Bad, the Good, the Misunderstood: The Social Effects of Racial Humor," *Translational Issues in Psychological Science*, 2(1), 2016, 參考第79～80頁

12 〈李海瓚於身心障礙人士活動現場表示：「政治圈有很多精神障礙者」〉，《韓國日報》，2018.12.29

13 Gordon Hodson, Jonathan Rush & Cara C. MacInnis, "A Joke Is Just a Joke (Except When It Isn't): Cavalier Humor Beliefs Facilitate the Expression of Group Dominance Motives?" *Journal of Personality and Social Psychology*, 99(4), 2010, 第660～682頁

14 Thomas E. Ford, Julie A. Woodzicka, Shane R. Triplett, Annie O. Kochersberger & Christopher J. Holden, "Not All Groups are Equal: Differential Vulnerability of Social Groups to the Prejudice-Releasing Effects of Disparagement Humor," Group Processes & Intergroup Relations, 20(10), 2013, 第178～199頁；Thomas E. Ford, Erin R. Wentzel & Joli Lorion, "Effects of Exposure to Sexist Humor on Perceptions of Normative Tolerance of Sexism," *European Journal of Social Psychology*, 31, 2001, 第677～691頁

15 Ford, Woodzicka, Triplett, Kochersberger & Holden, 前文

16 同文第193頁

17 〈2018年社會團結實際狀態調查〉，韓國行政研究院2018, 第67、312頁

18 Adam D. Galinsky, Kurt Hugenberg, Carla Groom & Galen V. Bodenhausen, "The Reappropriation of Stigmatizing Labels: Implications for Social Identity," *Identity Issues in Groups*, Emerald Group Publishing Limited 2003, 第231頁

19 同文第231～232頁

20 〈「不符時代的殘廢政治」聲明〉，《Oh my News》，2018.2.1

21 Thomas E. Ford, Christie F. Boxer, Jacob Armstrong & Jessica R. Edel, "More Than 'Just a Joke': The Prejudice-Releasing Function of Sexist Humor," *Personality and Social Psychology Bulletin*, 34(2), 2008, 參考第159頁

第5節｜　「歧視是公正」的想法

1 〈明明未婚卻被稱「女士」？……約聘公務員稱謂引起侵害人權爭議〉，《每日經濟》，」2016.10.6；〈稱約聘人員為「～女士」、「～小姐」的侵害人權議題〉，《聯合新聞》，2016.12.20

2 〈水原市約聘人員稱謂隨便改……「人權都市」僅淪為口號？〉，《仁川日報》，2017.5.1

3 〈現代版「種姓制度」？……掛繩顏色的歧視，「委屈的約聘人員」〉，《DIGITAL TIMES》，2017.5.25

4 김복순，〈約聘人員的雇用與勞動條件：以統計廳「經濟活動人口構造」2016年8月附加調查為中心〉，《勞動回顧月刊》，2017年1月號，第103、105頁

5 Shannon K. McCoy & Brenda Major, "Priming Meritocracy and the Psychological Justification of Inequality," *Journal of Experimental Social Psychology*, 43, 2007, 第341頁

6 同文第341～351頁

7 約翰·羅爾斯（John Rawls），《正義論》，황경식譯，이학사出版，2003，第46～47頁。本書使用「無知之幕」一詞。

8 國家人權委員會2011.9.27 10陳情0480200決定（採用時，是對聽覺障礙者的間接歧視）

9 國家人權委員會2013.6.18 13陳情0073700決定（法務書記考試時，未提供便利措施予全盲視覺障礙者）

10 國家人權委員會2012.8.22 11陳情0699900決定（烘焙技術考試拒絕提供正當的便利措施）

11 國家人權委員會 2015.8.20. 15陳情0627300決定（稅務公務員筆試拒絕提供代筆之便利措施予腦病變障礙者）

12 目前依然維持這項政策。University of Washington School of Law, "Exam Instructions," https://www.law.washington.edu/students/exams/instructions.aspx（2019.6.27閱讀）

13 Emilio J. Castilla, "Gender, Race, and Meritocracy in Organizational Careers," *American Journal of Sociology*, 113(6), 2008, 第1479～1526頁

14 Emilio J. Castilla & Stephen Benard, "The Paradox of Meritocracy in Organizations." *Administrative Science Quarterly*, 55, 2010, 第543～576頁

15 同文第547頁

16 Benot Monin & Dale T. Miller, "Moral Credentials and the Expression of Prejudice," *Journal of Personality and Social Psychology*, 81(1), 2001, 第5～16頁

17 Castilla & Benard, 前文第548頁

18 國家人權委員會 2010.1.21. 09陳歧字案1194決定（私立高中常設的能力分班制造成歧視）。關於學校僅特別讓成績優異者在自修室自主學習一事，經國家人權委員會判斷為不合理的歧視。國家人權委員會2008.1.28. 08陳歧字案13 決定（因其他理由造成教育設備使用之歧視）

19 按照學校級別，分別有10.9%的小學生、28.1%的國中生、41.3%的高中生，表示自己曾經成績差遭受歧視。김영지、김희진、이민희、김진호，〈關於兒童、青少年權利之國際公約履行：韓國兒童、青少年的人權實際狀態2017〉，韓國青少年政策研究所，2017，第105～108頁

第6節｜ 被趕走的人

1 Heart of Atlanta Motel, Inc. v. United States, 379 U.S. 241 (1964), 第291～292頁（引用高柏大法官的附和意見與通商委員會意見書）

2 貨幣價值的計算使用由Measuring Worth (www.measuringworth.com)提供的購買力計算法。

3 Linda C. McClain, "Involuntary Servitude, Public Accommodations Laws, and the Legacy of Heart of Atlanta Motel, Inc. v. United States," *Maryland Law Review*, 71, 2011, 第88頁，關於〈亞特蘭大之心汽車旅館訴美國案〉事件背景的前半段為參考此文之內容

4 Heart of Atlanta Motel, Inc. v. United States, 379U.S. 241 (1964) 第260～261頁

5 〈「外國人會把水弄髒，所以不准進入桑拿！」〉，《Oh my News》，2011.10.13

6 〈「說不定會感染愛滋病」……阻擋歸化女性的桑拿〉，《京鄉新聞》，2011.10.13

7 同文

8 〈男湯、女湯、外國人湯……連澡堂都存在歧視〉，《文化日報》，2014.1.16.

9 〈出動警察驅逐韓國老人的麥當勞，原因何在？〉，《Oh my News》，2014.10.17

10 〈美國星巴克的種族歧視爭議……逮捕「沒有點餐光是坐著」的黑人〉，《聯合新聞》，2018.4.15

11 〈「禁止印地安人」……酒吧拒絕特定外國人的爭議〉，《SBS News》，2017.6.7

12 〈沒有父母同行的國、高中生禁止進入咖啡廳的「爭議」〉，《京鄉新聞》，2018.4.20

13 〈身心障礙人士連餐廳都去不了……日本餐廳以「沒有位置」為由拒絕〉，《京鄉新聞》，2017.1.5

14 〈拒絕身心障礙人士的「NO身心障礙人士區」〉，《cowalknews》，2017.3.7

15 〈工讀生票選最無禮的客人第一名：說半語的客人〉，《京鄉新聞》，2017.8.4

16 食品衛生法第3條第3項、食品衛生法施行規則第2條與報告1

17 關於標示、廣告公平化的法律第3條

18 消費者基本法第16條第2項、消費者基本法施行令第8條第3項，以及消費者紛爭解決基準。根據交易型態，得依「關於在電子交易平台等處的保護消費者相關法律」第17條、「分期付款相關法律」第8條、「上門推銷等相關法律」第8條等，完成退費。

19 West Chester & Philadelphia Railroad Co. v. Miles, 55 Pa. 209 (1867), 第212～213頁

20 Iowa Department of Human Rights, Jim Crow Laws, https://humanrights.iowa.gov/cas/saa/african-american-culture-history/jim-crow-laws（2019.2.21閱讀）；Joseph W. Singer, "No Right to Exclude: Public Accommodations and Private Property," *Northwestern University Law Review*, 90, 1996, 第1388頁

21 Plessy v. Ferguson, 163U.S. 537 (1896), 第550～551頁

22 Singer, 前文第1389～1390頁

23 Heart of Atlanta Motel, Inc. v. United States, 前文第285頁（引用道格拉斯大法官的附和意見、參議院報告書88-872號）

24 Loving v. Virginia, 388U.S. 1 (1967), 第3頁（引用一審判決）

25 同文第12頁

26 James M. Oleske, Jr., "The Evolution of Accommodation: Comparing the Unequal Treatment of Religious Objections to Interracial and Same-Sex Marriages," *Harvard Civil Rights-Civil Liberties Law Review*, 50, 2015, 第107～108、118～119頁

27 同文第108～109、122頁

28 同文第113頁

29 憲法第11條 ①所有國民在法律之前皆平等。任何人都不得因其性別、宗教，且不得因其社會身分在政治、經濟、社會、文化生活的所有領域受歧視。憲法第20條 ①人民有信仰宗教之自由，②不承認國教，政教分離

30 〈「因為是外國人，所以不可以」……連上托兒所都很困難的外國兒童們〉，京畿道外國人人權中心報導資料，2018.5.3

31 Jennifer L. Eagan, "Multiculturalism," Encyclopædia Britannica, 2015, https://www.britannica.com/topic/multiculturalism（2019.6.27閱讀）

32 〈「多文化留下！」依然存在的歧視……迫切需要尊重多樣化的教育〉，《韓民族日報》，2017.2.28

第7節｜　「最好不要讓我看到」

1 〈「集體私刑」、「單方面恐攻」仁川酷兒文化節發生什麼事了？〉，《韓民族日報》，2018.9.11；〈「因為愛，所以反對同性戀」，他們失敗的關鍵原因〉，《Oh my News》，2018.9.10

2 〈（現場報導）同性戀贊成、反對派激烈衝突……「仁川酷兒文化節」卡關〉，《New Daily》，2018.9.8

3 〈「強行舉辦的話，將採取法律措施」，阻擋酷兒文化節的釜山海雲區廳〉，《Oh my News》，2018.9.28

4 〈反對不斷的濟州「首次」酷兒文化節，就此展開〉，《Oh my News》，2017.11.6

5 吉爾．瓦倫提諾（Gill Valentine），《反映社會的空間，讀懂社會的空間：社會地理學的邀請（Social Geographies: Space and Society）》，박경환譯，한울아카데미出版，2014，第214頁；김동완，〈公領域的理想與假想〉，《為了公共空間》，동녘出版，2017，第24頁

6 漢娜．鄂蘭，《人的條件》，이진우譯，한길사出版，2017，第103頁（繁體中文版由商周出版出版，2016）

7 同書第98～103頁

8 同書

9 이근동，「關於兄弟之家受害事件的特別法制定」，「根據內務部訓令強制收容的兄弟之家受害事件的真相與國家責任究明等相關法律的公聽會」，安全行政委員會，2015.7.3，第7～8頁；〈今日焦點〉，《全北日報》，1987.2.7

10 位於釜山的兄弟之家為1975年至1987年間，收容規模超過3000名以上流浪漢的收容設施。期間頻頻發生強制勞動、毆打、性侵害等事件，並造成多達500名以上所友死亡的大規模人權侵害案。

11 김동완，前書第40～46頁

12 參考同書第40～43頁

13 Erving Goffman, *Stigma: Notes on the Management of Spoiled Identity*, Prentice Hall Inc. 1963, 第73～75頁

14 先是在面對「請問您反對同性戀嗎？」的問題時，回答了「當然反對。」接著說出這句話。〈「大選辯論焦點」面對洪準杓提問「是否反對同性戀？」時，文在寅：「我不喜歡。」〉，《JTBC News》，2017.4.25 https://www.youtube.com/watch?v=isdZ1M2UHcE（2019.6.29觀看）

15 Sara Ahmed, *The Cultural Politics of Emotion*, Routledge 2015（二版），第56頁

16 同書第44～60頁

17 偏見動機型犯罪，指稱因性別、人種、民族、身心障礙、宗教、性取向、性別認同等理由，生成對特定群體的偏見與憎恨心的動機，進而產生的犯罪；在歐美國家將這種動機型犯罪稱為「偏見動機型犯罪（hate crime law）」。

18 〈江南殺人事件，理由是「嫌惡女性」〉，《韓民族日報》，2016.5.19

19 〈仁川性少數者團體，即使活動場地許可遭駁回，也要強行舉辦酷兒文化節〉，《韓國日報》，2018.9.3

20 Alekseyev v. Russia, European Court of Human Rights, 4916/07, 25924/08 and 14599/09, 2010.10.21., 57、62段落

21 Alekseyev v. Russia, 同文21、70段落（引用Bączkowski and Others v. Poland, European Court of Human Rights, 1543/06, 2007.5.3., 63段落）

22 同文76、81段落

23 同文70段落（Bączkowski and Others v. Poland, 引用前文63段落）

24 〈在文在寅面前突襲示威：「為嫌惡同性戀者的發言道歉」……13名人權運動人士遭警方帶離〉，《京鄉新聞》，2017.4.26

25 Susan Opotow, "Moral Exclusion and Injustice: An Introduction," *Journal of Social Issues*, 46(1) 1990, 第3～6頁

26 同文第4頁

27 Morton Deutsch, Distributive Justice: *A Social Psychological Perspective*, Yale University Press 1985, 第36～37頁

28 Opotow, 前文第1頁

29 김현경，《人、場所、歡迎》，문학과지성사出版，2015，第36～40頁

30 漢娜．鄂蘭，《極權主義的起源》，이진우、박미애譯，한길사出版，2006， 第534頁（繁體中文版由左岸文化出版）

31 外國人勞動者的僱傭相關法律第18條、第18條之2、第18條之3、第18條之4

32 外國人勞動者的僱傭相關法律第25條

33 出入國管理法第17條第2項規定「當滯留大韓民國之外國人不在此法律或其他法律的規定範圍內時，不得參與政治活動」。若是具永久居留權身分者，得依公職選舉法第15條第2項第3號，可以在取得居留資格的三年後，擁有地方議員、議長與首長的選舉權。

34 Orlando Patterson, *Slavery and Social Death: A Comparative Study*, Harvard University Press 1982

35 憲法裁判所2016. 3. 31. 2014憲戊字案367全體法官庭決定；憲法裁判所 2011. 9. 29. 2007憲戊字案1083全體法官庭決定；憲法裁判所2011. 9. 29. 2009憲戊字案351全體法官庭決定

36 Michael Walzer, *Spheres of Justice: A Defence of Pluralism and Equality*, Basic Books 1983, 第62頁

37 Linda Bosniak, "Being Here: Ethical Territoriality and the Rights of Immigrants," *Theoretical Inquiries in Law*, 8(2), 2007, 第389～410頁；金知慧，〈新住民的基本權：不平等與「倫理領土權」〉，《憲法學研究》，22(3), 2016, 第223～251頁

第8節｜ 平等是跨越對改變的恐懼而來

1 〈「滾開！×××！」身心障礙者準備好挨罵卻又搭地鐵的原因〉，《Oh my News》，2018.6.14

2 〈「緊急措施的人們」彙整民主化的半世紀歷程〉，《統一新聞》，2018.7.21

3 Stanley Milgram, "Behavioral Study of Obedience," Journal of Abnormal and Social Psychology, 67(4), 1963, 371～378면; Branscombe & Baron, *Social Psychology*, Pearson 2017（十四版）, 第284～286頁

4 James M. Jones, John F. Dovidio & Deborah L. Vietze, *Psychology of Diversity: Beyond Prejudice and Racism*, 2014, 第104頁

5 憲法裁判所1997.7.16. 95憲甲字案6至13（合併）全體法官庭決定

6 〈反映於法理審判台上的96我們社會〉，《文化日報》，1996.12.30；〈「以30年抗爭驅逐500年惡法」、「血統、親族崩潰，所有人都是亂倫者」〉，《京鄉新聞》，1997.7.17

7 憲法裁判所 2005.2.3. 2001憲甲字案9·10·11·12·13·14·15, 2004憲甲字案5（合併）全體法官庭

決定

8 "Lesbian couples likelier to break up than male couples," Centraal Bureau voor de Statistiek, 2016.3.30., https://www.cbs.nl/en-gb/news/2016/13/lesbian-coupleslikelier-to-break-up-than-male-couples（2019.2.20閱讀）

9 參照John F. Helliwell, Richard Layard & Jeffrey D. Sachs, *World Happiness Report 2018*, Sustainable Development Solutions Network 2018

10 나영정等人，〈韓國LGBTI群體的社會需求調查〉，친구사이出版，2014，第244、248、250頁

11 〈「惡法亦法」並非守法的例子……憲法裁判所指明教科書錯誤〉，《東亞日報》，2004.11.7

12 〈全國反歧視身心障礙人士聯合會共同代表朴京碩，判處緩刑兩年〉，《Be Minor》，2018.10.25

13 Harrop A. Freeman, "The Right of Protest and Civil Disobedience," *Indiana Law Journal*, 41(2), 1966, 第240～241頁

14 約翰．羅爾斯（John Rawls），《正義論》，황경식譯，이학사出版，2003，第498頁

15 同書第498頁

16 同書第475頁

17 Kimberley Brownlee, "Civil Disobedience," The Stanford Encyclopedia of Philosophy (Fall 2017 Edition), https://plato.stanford.edu/archives/fall2017/entries/civil-disobedience/（2019.2.20閱讀）

18 1955年，在阿拉巴馬州的蒙哥馬利，原本坐在公車上的黑人女性羅莎．派克（Rosa Parks），卻被司機要求移往後方的黑人座位區。拒絕這項要求的她，因此遭到逮捕。這個事件成為蒙哥馬利黑人們拒絕搭公車的契機，並展開長達381天的杯葛運動。"Montgomery bus boycott," Encyclopædia Britannica, 2019, https://www.britannica.com/event/Montgomery-bus-boycott（2019.6.26閱讀）

19 Randall Kennedy, "Martin Luther King's Constitution: A Legal History of the Montgomery Bus Boycott," *Yale Law Journal*, 98, 1989, 參考第1034頁

20 Gayle v. Browder, 352 U.S. 903 (1956), affirming Browder v. Gayle, 142 F.Supp. 707 (1956)

21 Kennedy，前文第1054～1055頁

22 同文第1055頁

23 〈（影片）強烈要求為身心障礙者於新吉站摔死一事道歉的「搭地鐵」行動〉，《Be Minor》，2018.6.15. http://beminor.com/detail.php?number=12292（2019.6.26觀看）

24 約翰．羅爾斯，前書第507頁

25 Mervin J. Lerner, "The Justice Motive: Some Hypotheses as to its Origins and Forms," Journal of Personality, 45(1), 1977, 第1～2頁；Melvin J. Lerner & Dale T. Miller, "Just World Research and the Attribution Process: Looking Back and Ahead," *Psychological Bulletin*, 85(S), 1978, 第1030頁

26 Lerner & Miller, 前文第1030頁

27 同文第1030～1031頁

28 同文第1031頁

29 〈全球社會福利大會現場，迴避「廢除身心障礙等級制」的福祉部長官鄭鎮燁〉，《Be Minor》，2016.6.27

30 〈全球社會福利大會「暴力鎮壓」……國際社會以「團結」回應〉，《Be Minor》，2016.6.28

31 〈全球社會福利大會開幕典禮遭拖出場的身心障礙社運人士，受特邀成為閉幕典禮特別嘉賓〉，《News Cham》，2016.7.1

32 約翰·斯圖爾特·彌爾（John Stuart Mill），《論自由》，서병훈譯，책세상出版，2018，第105頁（繁體中文版由五南出版）

33 同書

34 此段文字出現於美國華盛頓大學法學院內的某間學生休息室公告欄，原始出處不詳

第9節｜ 所有人的平等

1 Sheila L. Cavanagh, Queering Bathrooms: Gender, *Sexuality and the Hygienic Imagination*, University of Toronto Press 2010

2 Terry S. Kogan, "Sex-Separation in Public Restrooms: Law, Architecture, and Gender," *Michigan Journal of Gender & Law*, 14(1), 2007, 第5～7頁

3 W. Burlette Carter, "Sexism in the 'Bathroom Debates': How Bathrooms Really Became Separated by Sex," *Yale Law & Policy Review*, 37(1), 2018, 第238～240頁

4 〈為什麼無障礙廁所不分男女？〉，《Pressian》，2009.12.28

5 Audrey Smedley, "Racism," Encyclopædia Britannica, 2017, https://www.britannica.com/topic/racism（2019.2.20閱讀）

6 同文

7 〈首先思考健康：生為雙性人的孩子們〉，國際特赦組織，https://amnesty.or.kr/campaign/intersex/（2019.6.30閱讀）

8 《性少數群體面對嫌惡時代的12道問題》，韓國性少數者研究會（準）2016，第19～26頁，https://lgbtstudies.or.kr/（2019.6.30閱讀）

9 《盲試徵才指南》，僱傭勞動部·韓國產業人力園區·大韓商工會議所，2017，第8頁，http://www.moel.go.kr/policy/policydata/view.do?bbs_seq=20180100442（2019.7.2閱讀）

10 Sandra Fredman, Discrimination Law, Oxford University Press 2011（二版），第8頁

11 同書第24～25頁

12 Nick Bryan, "A Restroom for Everyone," Gensler 2017, https://www.gensler.com/research-insight/blog/a-restroom-for-everyone（2019.6.30閱讀）

13 參考〈「讓我去上廁所的18世紀要求」……售貨員生病了〉，《韓民族日報》，2018.10.17；전신영等人，〈公車司機的工作環境對健康狀態的影響：以攝取飲料的實際狀態為中心〉，《The Korean Journal of Public Health》，52卷 2號，2015，第27～36頁；〈五分鐘內吃完飯，上廁所次數零……護理師累了〉，《Oh my News》，2017.7.26；〈「不在十分鐘內回來？」電話客服中心員工連上廁所都不行〉，《Financial News》，2019.1.14；〈「理貨7小時」，解開CJ貨運司機們的艱辛日常〉，《韓民族日報》，

2018.7.12等

14 南希・福瑞澤（Nancy Fraser），〈從再分配變成認同？：「後社會主義」時代正義的困境〉，《超越不平等與侮辱》，문현아、박건、이현재譯，그린비出版，2016，第24～48頁；백미연，〈超越「再分配」與「自我認同」的「參與對等」（parity of participation）〉，《韓國政治學會報》, 43(1), 2009，第92～95頁；이상환，〈認同的政治與社會正義〉，《哲學研究》, 107, 2008，參照第27～49頁

15 南希・福瑞澤（Nancy Fraser），前書第32頁

16 同書

17 Iris Marion Young, *Justice and the Politics of Difference*, Princeton University Press 1990, 第116頁

18 同書第163～168頁

19 參照George Yancy & Judith Butler, "What's Wrong With 'All Lives Matter'?" *New York Times*, 2015.1.12., https://opinionator.blogs.nytimes.com/2015/01/12/whats-wrong-with-all-lives-matter/（2019.6.30閱讀）

20 Young，參考前書第170頁

21 同書

22 同書

23 同書第171頁

24 同書

25 同書

26 關於在美國大學的相關爭議，Michael C. Behrent, "A Tale of Two Arguments about Free Speech on Campus," *Academe*, 105(1), 2019, 參考第1頁

27 金知慧，〈為了所有人的平等〉，《民主法學》，66號，2018，第192頁

28 同文

29 參考同文

30 約翰・彌爾，《論自由》，서병훈譯，책세상出版，2018，第139頁（繁體中文版由五南出版）

31 Young，前書第151頁

32 同書

33 參考김다흰，〈我們愈團結愈強大〉，《Oh my News》，2018.9.13

第10節｜ 關於反歧視法

1 反歧視法案（政府，議案字號178002，2007.12.12提出）。本法案因第17屆國會任期期滿作廢

2 反歧視法案（魯會燦委員等10人，議案字號178162，2008.1.28提出，因任期期滿作廢）；反歧視法案（朴股秀委員等11人，議案字號1813221，2011.9.15提出，因任期期滿作廢）；反歧視法案（權永吉委員等10人，議案字號1814001，2011.12.2提出，因任期期滿作廢）；反歧視法案（金在姸委員等10人，議案字號1902463，2012.11.6提出，因任期期滿作廢）；反歧視法案（金漢吉委員等51人，議案字號1903693，2013.2.12提出，撤

回）；反歧視法案（崔元植委員等12人，議案字號1903793，2013.2.20提出，撤回）

3 根據相關條項，參照與公民、政治權利有關的國際協定第2條第1項、與經濟、社會、文化有關的國際協定第2條第2項、與廢除任何形態之種族歧視有關的國際協定第1條第1項、與防止嚴刑及其他殘忍、非人道、屈辱的待遇或歧視有關的協定第1條第1項、與廢除對女性所有型態的歧視有關的協定第1條、與兒童權利有關的協定第2條第1項、與身心障礙人士權利有關的協定第2條等

4 國家人權委員會法第44條

5 參照法務部初次擬定的法案，反歧視法（案）之立法預告（法務部公告2007-106號）

6 〈反歧視法歧視人〉，《韓民族日報21》第684號，2017.11.8

7 舉例來說，在過去的第19屆大選中，當時文在寅候選人與安哲秀候選人皆表示必須先取得社會共識，對反歧視法的制定抱持消極的態度。〈文、安，反歧視法「沒有社會共識」？「凝聚共識是政治人物的責任」〉，《Be Minor》，2017.4.25

8 Sandra Fredman, *Discrimination Law*, Oxford University Press 2011（二版），第25～26頁

9 UN Committee on the Elimination of Racial Discrimination(CERD), "General Recommendation No. 32, The meaning and scope of special measures in the International Convention on the Elimination of All Forms [of] Racial Discrimination," 2009.9.24. CERD/C/GC/32, 參考7～8、12段落

10 公職選舉法第47條第3項。同條第4項，規定「盡量努力」推薦超過30%的女性成為各區候選人

11 〈女性義務共薦制，提前掀起逆向歧視的爭議〉，《Pressian》，2012.2.29；〈羞愧於另一種「世界最後一名」的同時……引進配額制？〉，《MBC News》，2019.3.8

12 Human Rights Campaign, "Corporate Equality Index 2018," 2017，第4頁

13 金知慧等人，《為性少數者打造友善工作環境的多樣化指南》，SOGI法政策研究會，2018

14 이승계，〈多樣性管理理論的考察與國內企業帶來的啟示〉，《現象與認識》34卷1號，2010，參考第163～64頁

15 United Nations Global Compact, "The Ten Principles of the UN Global Compact," https://www.unglobalcompact.org/what-is-gc/mission/principles（2019.2.19閱讀）

16 金知慧，〈我們時代的美風良俗〉，《共感通信》，2018.3.16

17 漢娜．鄂蘭，《極權主義的起源》，이진우、박미애譯，한길사出版，2006， 第540頁（繁體中文版由左岸文化出版）

參考文獻

- 강진구，〈韓國社會的反多文化談論考察：以網路空間為中心〉，《人文科學研究》32輯，江原大學人文科學研究所，2012
- 김난주，〈韓國不同性別的薪資差異現況與課題〉，第19屆性別與立法論壇「探索性別薪資差異的解決策略方案之國際會議」，2017
- 김난주、이승현、이서현、황성수、박미연〈男女薪資差異實際狀態調查〉，國家人權委員會，2017
- 김도균，〈韓國社會的法治主義〉，《知識的新局面》13卷，大宇基金會，2012
- 김동완，〈公領域的理想與假想〉、《為了公共空間》，동녘，2017
- 김만권，《Homo Justice》，여문책，2016
- 김영미、차형민，〈隔離與歧視的長期持續〉，《韓國社會學會社會學大會論文集》，韓國社會學會，2016
- 김영지、김희진、이민희、김진호，〈關於兒童、青少年權利之國際公約履行：韓國兒童、青少年的人權實際狀態2017〉，韓國青少年政策研究所，2017
- 김영철，〈幸福不是來自成績高低吧？：「學歷」（出身學校）的非經濟效果預測〉，《經濟學研究》，64卷 1號，韓國財政學會，2015
- 김지윤、강충구、이의철，〈封閉的大韓民國：韓國人的多文化認識與政策〉，《議題簡要》，牙山政策研究院，2014
- 김지혜，〈關於同性婚姻的美國判例闡述〉，《法律與社會》46卷，法律與社會理論學會，2014
- 김지혜，〈所有人的平等〉，《民主法學》66卷，民主主義法學研究會，2018
- 김지혜，〈侮辱的表現與社會歧視的結構：日常的語言與法律的措施方向〉，《法律與社會》55卷，法律與社會理論學會，2017
- 김지혜，〈未登記新移民兒童的教育權：以美國普萊爾訴杜依案（Plyler v. Doe）之判決為中心〉，《美國憲法研究》29卷1號，美國憲法學會，2018
- 김지혜，〈關於性取向的平等權審查標準與禁制歧視原則〉，《憲法學研究》19卷3號，韓國憲法學會，2013
- 김지혜，〈外國勞工變更工作單位的限制與禁止強制勞動之原則〉，《公法研究》44卷3號，韓國公法學會，2016
- 김지혜，〈新住民的基本權：不平等與「倫理領土權」〉，《憲法學研究》22卷3號，韓國憲法學會，2016
- 김지혜，〈人口構造與種族認同：實踐平等的困境〉，《法律與社會》59卷，法律與社會理論學會，2018

- 김지혜，〈煽動歧視的管制：以檢討關於嫌惡表現的國際法、比較法為中心〉，《法曹》64卷9號，法曹協會，2015
- 김지혜，〈因學業成績遭受的歧視與教育的不平等〉，《法律與社會》53卷，法律與社會理論學會，2016
- 김창환、오병돈，〈工作年資中斷前，女性就不受歧視了嗎？大學畢業的20多歲青年曾畢業後的性別與所得差距分析〉，《韓國社會學》53卷1號，韓國社會學會，2019
- 김태홍，〈依不同性別的僱傭型態，解析薪資差異之現況與要因〉，《女性研究》84卷1號，韓國女性政策研究，2013
- 김현경，《人、場所、歡迎》，문학과지성사，2015
- 김현미，《我們都離家了》，돌베개，2014
- 김희삼、이삼호，〈高等教育的勞動市場成果與順序構造之分析〉，韓國開發研究院，2007
- 瑪莎．克雷文．納思邦（Martha C. Nussbaum），《逃避人性：噁心、羞恥與法律》，조계원譯，민음사，2015（繁體中文版由商周出版）
- 約翰．羅爾斯（John Rawls），《正義論》，황경식譯，이학사，2003
- 尚-雅克．盧梭（Rousseau, Jean Jacques），《社會契約論》，김영욱譯，후마니타스，2018（繁體中文版由商務出版）
- 約翰．彌爾，《論自由》，서병훈譯，책세상，2018
- 齊格蒙．包曼（Zygmunt Bauman），《為什麼我們接受不平等？》，안규남譯，동녘，2013
- 박경태，《人種主義》，책세상，2009
- 박은하，〈不同性別的「優質工作」決定要素研究〉，《韓國女性學》27卷3號，韓國女性學會，2011
- 백미연，〈超越「再分配」與「自我認同」的「參與對等」（parity of participation）〉，《韓國政治學會報》第43輯1號，2009
- 吉爾．瓦倫提諾（Gill Valentine），《反映社會的空間，讀懂社會的空間：社會地理學的邀請（Social Geographies: Space and Society）》，박경환譯，한울아카데미，2014
- 朱迪斯．巴特勒，《Excitable Speech: A Politics of the Performative》，유민석譯，알렙，2016
- 奧茲萊姆．森索伊、羅賓．狄安吉羅合著《人人真的平等嗎？》，홍한별譯，착한 책가게，2016
- 신경아，〈關於女性勞動市場變化的8道問題〉，《女性主義研究》16卷1號，韓國女性研究所，2016
- 漢娜．鄂蘭，《人的條件》，이진우譯，한길사出版，2017（繁體中文版由商周出版）
- 漢娜．鄂蘭，《極權主義的起源》，이진우、박미애譯，한길사，2006（繁體中文版由左岸文化出版）
- 漢娜．鄂蘭，《共和國的危機》，김선욱譯，한길사，2011 안태현，〈以薪資分布分析韓國不同性別的薪資差異〉，《應用經濟》，韓國應用經濟學會，2012
- 吉野賢治，《掩飾》，현경、한빛나譯，민음사，2017

- 中島義道，《歧視情緒的哲學》，김희은譯，바다출판사，2018
- 윤자영，〈不同性別的薪資差異之新傾向與長久以來的課題〉，《國際勞動簡要》11卷6號，韓國勞動研究院，2013
- 이경희、김태일，〈大學順位與主修科系的薪資效果：以性別差距為中心〉，《教育學研究》45卷3號，韓國教育學會，2007
- 이동주，〈關於韓國的性別職種隔離與性別薪資差異之研究〉，《韓國社會學會社會學大會論文集》，韓國社會學會，2007
- 이상환，〈肯認政治與社會正義〉，《哲學研究》，大韓哲學會，2008
- 이승계，〈多樣性管理理論的考察與國內企業帶來的啟示〉，《現象與認識》34卷1-2號，韓國人文社會科學會，2010
- 이양호、지은주、권혁용，〈不平等與幸福〉，《韓國政治學會報》47卷3號，韓國政治學會，2013
- 이정복，《韓國社會的歧視語言》，소통，2014
- 이창수，《韓國社會具種族歧視的談話結構：以語料庫為本（Corpus-based）的媒體批評談話分析之觀點》，집문당，2015
- 장미경，〈韓國社會少數者與公民權的政治〉，《韓國社會學》39卷6號，韓國社會學會，2005
- 장수명，〈大學排序的經濟收入分析〉，《韓國教育》33卷2號，韓國教育開發院，2006
- 장지연、오선영，〈性別之薪資差異的解決哲學與政策〉，《梨花性別法學》9卷1號，梨花女子大學性別法學研究所，2017
- 최세림，〈關於不同性別之薪資差距爭議：過去、現在，以及政策〉，《國際勞動簡要》17卷1號，韓國勞動研究院，2019
- 최수연，〈韓國社會歧視概念的變化與公民權的政治學：以分析反歧視法（案）觸發公民社會的聯合活動為中心〉，《社會研究》，21號，韓國社會調查研究所，2011
- 최유진等人，〈2016年兩性平等實際狀態調查分析研究〉，女性家庭部，2016
- 丹尼爾．康納曼（Daniel Kahneman），《快思慢想》，이창신譯，김영사出版 2018（繁體中文版由天下文化出版）
- 麥可．華爾澤（Michael Walzer），《黃種人的誕生》，이효석譯，현암사出版，2016
- 南希．福瑞澤（Nancy Fraser）等人，〈超越不平等與侮辱〉，문현아、박건、이현재譯，그린비出版，2016
- 韓國行政研究院，〈2018年社會統合實際狀態調查〉，韓國行政研究院，2018 한준성，〈多文化主義爭議：以比較Brian Barry與Will Kymlicka為中心〉，《韓國政治研究》18卷1號，首爾大學韓國政治研究所，2010
- 赫爾曼（Deborah Hellman），《何謂歧視？》，김대근譯，서해문집出版，2016
- 霍特耐（Axel Honneth），《為承認而鬥爭》，문성훈、이현재譯，사월의책出版，2011
- 홍성수，《當話語變成利刃時》，어크로스出版，2018
- 홍성수、김정혜、노진석、류민희、이승현、이주영、조승미〈嫌惡表現的實際狀態調查暨規制方案研究〉，國家人權委員會，2016

- Ahmed, S. *The Cultural Politics of Emotion* (2nd Ed.), Abingdon-on-Thames: Routledge 2015
- Allport, G. W. *The Nature of Prejudice* (25th Anniversary Ed.), New York: Basic Books 1979
- Armenta, B. E. "Stereotype Boost and Stereotype Threat Effects: The Moderating Role of Ethnic Identification," *Cultural Diversity and Ethnic Minority Psychology*, 16(1), 2010
- Aronson, J., M. J. Lustina, C. Good, K. Keough, C. M. Steele & J. Brown "When White Men Can' t Do Math: Necessary and Sufficient Factors in Stereotype Threat," *Journal of Experimental Social Psychology*, 35, 1999
- Bagenstos, S. R. "The Unrelenting Libertarian Challenge to Public Accommodations Law," *Stanford Law Review*, 66(6), 2014
- Banaji, M. R., and A. G. Greenwald *Blindspot; Hidden Biases of Good People*, New York: Bantam, 2013（韓文版《Mind Bug》，박인균譯，추수밭出版，2014；繁體中文版《好人怎麼會幹壞事？我們不願面對的隱性偏見》由橡實文化出版）
- Bosniak, L. S. "Being Here: Ethical Territoriality and the Rights of Immigrants," *Theoretical Inquiries in Law*, 8(2), 2007
- Branscombe, N. R. and R. A. Baron *Social Psychology* (14th Ed.), London: Pearson 2017
- Carter, W. B. "Sexism in the 'Bathroom Debates': How Bathrooms Really Became Separated by Sex," *Yale Law & Policy Review*, 37(1), 2018
- Castilla, E. J. "Gender, Race, and Meritocracy in Organizational Careers," *American Journal of Sociology*, 113(6), 2008
- Castilla, E. J., and S. Benard "The Paradox of Meritocracy in Organizations," *Administrative Science Quarterly*, 55, 2010
- Cavanagh, S. L. *Queering Bathrooms: Gender, Sexuality and the Hygienic Imagination*, Toronto: University of Toronto Press 2010
- Chen. M. and J. A. Bargh "Nonconscious Behavioral Confirmation Processes: The Self-Fulfilling Consequences of Automatic Stereotype Activation ", *Journal of Experimental Social Psychology*, 33, 1997
- Clark, K. B. and M. Clark "Racial Identification and Preference in Negro Children," in T.M. Newcomb and E. L. Hartley eds. *Readings in Social Psychology*, New York: Holt, Rinehart & Winston 1947
- Clarke, J. A. "Against Immutability," *The Yale Law Journal*, 125, 2015
- Correll, S. J. "Gender and the Career Choice Process: The Role of Biased SelfAssessments," *American Journal of Sociology*, 106(6), 2001
- Correll, S. J. "Constraints into Preferences: Gender, Status, and Emerging Career Aspirations," *American Sociological Review*, 69, 2004
- Crenshaw, K. "Demarginalizing the Intersection of Race and Sex: A Black Feminist Critique of Antidiscrimination Doctrine: Feminist Theory and Antiracist Politics,"

University of Chicago Legal Forum, 1989(1)

- Danaher, K. and N. R. Branscombe "Maintaining the System with Tokenism: Bolstering Individual Mobility Beliefs and Identification with a Discriminatory Organization," *British Journal of Social Psychology*, 49, 2010
- Darley, J. M. and P. H. Gross "A Hypothesis-Confirming Bias in Labeling Effects," *Journal of Personality and Social Psychology*, 44(1), 1983
- DeSteno, D., N. Dasgupta, M. Y. Bartlett, and A. Cajdric "Prejudice From Thin Air: The Effect of Emotion on Automatic Intergroup Attitudes," *Psychological Science*, 15(5), 2004
- Deutsch, M. *Distributive Justice: A Social Psychological Perspective*, New Haven & London: Yale University Press 1985
- Dorling, D. *Injustice: Why Social Inequality Still Persists*(2nd Ed.), Bristol: Policy Press 2015
- Farrior, S. "Molding the Matrix: The Historical and Theoretical Foundations of International Law Concerning Hate Speech," *Berkeley Journal of International Law*, 14(1), 1996
- Ferguson, M. A. and T. E. Ford "Disparagement Humor: A Theoretical and Empirical Review of Psychoanalytic, Superiority, and Social Identity Theories," *Humor: International Journal of Humor Research*, 21(3), 2008
- Fetzer, P. L. " 'Reverse Discrimination' : The Political Use of Language," *National Black Law Journal*, 12(3), 1993
- Fischer, B. and B. Poland "Exclusion, 'Risk' , and Social Control-Reflections on Community Policing and Public Health," *Geoforum*, 29(2), 1998
- Ford, T. E. and M. A. Ferguson "Social Consequences of Disparagement Humor: A Prejudiced Norm Theory," *Personality and Social Psychology Review*, 8(1), 2004
- Ford, T. E., C. F. Boxer, J. Armstrong, and J. R. Edel "More Than 'Just a Joke' : The Prejudice-Releasing Function of Sexist Humor," *Personality and Social Psychology Bulletin*, 4(2), 2008
- Ford, T. E., E. R. Wentzel, and J. Lorion "Effects of Exposure to Sexist Humor on Perceptions of Normative Tolerance of Sexism," *European Journal of Social Psychology*, 31, 2001
- Ford, T. E., J. A. Woodzicka, S. R. Triplett, A. O. Kochersberger, and C. J. Holden "Not All Groups are Equal: Differential Vulnerability of Social Groups to the Prejudice-Releasing Effects of Disparagement Humor," *Group Processes & Intergroup Relations*, 20(10), 201
- Ford, T. E., K. Richardson, and W. E. Petit "Disparagement humor and prejudice: Contemporary theory and research," *Humor*, 28(2), 2015
- Fredman, S. *Discrimination Law* (2nd Ed.), Oxford: Oxford University Press 2011

- Freeman, H. A. "The Right of Protest and Civil Disobedience," Indiana Law Journal 41(2), 1966
- Frye, M. "Oppression," *The Politics of Reality: Essays in Feminist Theory*, California: Crossing Press 1983
- Galinsky, A. D., C. S. Wang, J. A. Whitson, E. M. Anicich, K. Hugenberg, and G. V. Bodenhausen "The Reappropriation of Stigmatizing Labels: The Reciprocal Relationship Between Power and Self-Labeling," *Psychological Science*, 24(10), 2013
- Galinsky, A. D., K. Hugenberg, C. Groom, and G. V. Bodenhausen "The Reappropriation of Stigmatizing Labels: Implications for Social Identity," Identity Issues in Groups (Research on Managing Groups and Teams, Vol.5), Bingley: Emerald Group Publishing Limited 2003.
- Goffman, E. *Stigma: Notes on the Management of Spoiled Identity*, New Jersey: Prentice-Hall, Inc. 1963（韓文版，《污名》，윤선길譯，한신대학교출판부出版，2009；繁體中文版由群學出版）
- Green, D. P., J. Glaser, and A. Rich "From Lynching to Gay Bashing: The Elusive Connection Between Economic Conditions and Hate Crime," *Journal of Personality and Social Psychology*, 75, 1998
- Guimond, S., M. Dambrun, N. Michinov, and S. Duarte "Does Social Dominance Generate Prejudice? Integrating Individual and Contextual Determinants of Intergroup Cognitions," *Journal of Personality and Social Psychology*, 84(4), 2003
- Guiso, L.. M. Ferdinando, P. Sapienza, and L. Zingales "Culture, Gender, and Math," *Science*, 320(5880), 2008
- Hafer, C. I. & J. M. Olson "Beliefs in a Just World, Discontent, and Assertive Actions by Working Women," *Personality and Social Psychology Bulletin*, 19(1), 1993
- Harding, S. "Rethinking Standpoint Epistemology: What is " Strong Objectivity?," in L. Alcoff and E. Potter eds., *Feminist Epistemologies*, Abingdon-on-Thames: Routledge 1993
- Hastie, B. and D. Rimmington " '200 Years of White Affirmative Action' : White Privilege Discourse in Discussions of Racial Inequality," *Discourse & Society*, 25(2), 2014
- Hobbes, T. *Leviathan*, 1651
- Hodson, G. and C. C. MacInnis "Derogating Humor as a Delegitimization Strategy in Intergroup Contexts," *Translational Issues in Psychological Science*, 2(1), 2016
- Hodson, G., J. Rush, and C. C. MacInnis "A Joke Is Just a Joke (Except When It Isn't): Cavalier Humor Beliefs Facilitate the Expression of Group Dominance Motives," *Journal of Personality and Social Psychology*, 99(4), 2010
- Jones, J. M., John F. D. & Deborah L. V. *Psychology of Diversity: Beyond Prejudice and Racism*, New Jersey: Wiley-Blackwell 2014
- Kahneman, D. and A. Tversky "Choices, Values and Frames," *American Psychologist*, 39(4), 1984

- Kanuha, V. K. "The Social Process of "Passing" to Manage Stigma: Acts of Internalized Oppression or Acts of Resistance?," *The Journal of Sociology & Social Welfare*, 26(4), 1999
- Kennedy, R. "Martin Luther King's Constitution: A Legal History of the Montgomery Bus Boycott," *Yale Law Journal*, 98(6), 1989
- Kessler, L. T. "Keeping Discrimination Theory Front and Center in the Discourse Over Work and Family Conflict," *Pepperdine Law Review*, 34, 2007
- Kogan, T. S. "Sex-Separation in Public Restrooms: Law, Architecture, and Gender," *Michigan Journal of Gender & Law*, 14, 2007
- Koppelman, A. "Gay Rights, Religious Accommodations, and the Purposes of Antidiscrimination Law," Southern California Law Review, 88, 2015
- Krieger, L. H. "The Content of Our Categories: A Cognitive Bias Approach to Discrimination and Equal Employment Opportunity," *Stanford Law Review*, 47, 1995
- Kymlicka, W. Multicultural Citizenship: *A Liberal Theory of Minority Rights*, Clarendon Press 1995（韓文版《多文化主以的公民權》，황민혁譯，동명사出版，2010）
- Lawrence III, C. R. "The Id, the Ego, and Equal Protection: Reckoning with Unconscious Racism," *Stanford Law Review*, 39, 1987
- Lerner, M. "Just World Research and the Attribution Process: Looking Back and Ahead," *Psychological Bulletin*, 85(S), 1978
- Lerner, M. J. "The Justice Motive: Some Hypotheses as to its Origins and Forms," *Journal of Personality*, 45(1), 1977
- Lippmann, W. *Public Opinion*, New York: Harcourt Brace & Co. 1922（韓文版《輿論》，이충훈譯，까치出版，2012）
- Little, L. E. "Regulating Funny: Humor and the Law," *Cornell Law Review*, 94(5), 2009
- Marvasti, A. B. and K. D. Mckinney "Does Diversity Mean Assimilation?" *Critical Sociology*, 37(5), 2011
- Marx, D. M. and D. A. Stapel "Understanding Stereotype Life: On the Role of the Social Self," *Social Cognition*, 24(6), 2006
- Mason, G. "The Symbolic Purpose of Hate Crime Law: Ideal Victims and Emotion," *Theoretical Criminology*, 18(1), 2014
- McClain, L. C. "Involuntary Servitude, Public Accommodations Laws, and the Legacy of Heart of Atlanta Motel, Inc. v. United States," *Maryland Law Review*, 71(1), 2011
- McCluskey, M. T. "Rethinking Equality and Difference: Disability Discrimination in Public Transportation," *Yale Law Journal*, 97, 1988
- McCoy, S. K. and B. Major "Priming Meritocracy and the Psychological Justification of Inequality," *Journal of Experimental Social Psychology*, 43(3), 2007
- McIntosh, P. "White Privilege: Unpacking the Invisible Knapsack." *Peace & Freedom*, July/August 1989

- Melling, L. "Religious Refusals No Public Accommodations Laws: Four Reasons to Say No," *Harvard Journal of Law & Gender*, 38, 2015
- Merriam, S. B., J. Johnson-Bailey, M. Lee, Y. Kee, G. Ntseane, and M. Muhamad "Power and Positionality: Negotiating Insider/Outsider Status Within and Across Cultures," *International Journal of Lifelong Education*, 20(5), 2001
- Milgram, S. "Behavioral Study of Obedience," *Journal of Abnormal and Social Psychology*, 67(4), 1963
- Monin, B. & D. T. Miller "Moral Credentials and the Expression of Prejudice," *Journal of Personality and Social Psychology*, 81(1), 2001
- Moore, Jr., B. *Injustice: The Social Bases of Obedience and Revolt*(first published 1978 by M.E. Sharpe), Abingdon-on-Thames: Routledge 2015
- Norton, M. I. and S. R. Sommers "Whites See Racism as a Zero-Sum Game That They Are Now Losing," *Perspectives on Psychological Science*, 6(3), 2011
- Oleske, Jr., J. M. "The Evolution of Accommodation: Comparing the Unequal Treatment of Religious Objections to Interracial and Same-Sex Marriages," *Harvard Civil Rights-Civil Liberties Law Review*, 50, 2015
- Opotow, S. "Moral Exclusion and Injustice: An Introduction," *Journal of Social Issues*, 46(1), 1990
- Oppenheimer, D. B., S. R. Foster, and S. Y. Han *Comparative Equality and AntiDiscrimination Law: Cases, Codes, Constitutions, and Commentary*, New York: Foundation Press 2012
- Patterson, O. *Slavery and Social Death: A Comparative Study*, Cambridge: Harvard University Press 1982
- Phillips, L. T. and B. S. Lowery "Herd Invisibility: The Psychology of Racial Priviledge," *Current Directions in Psychological Science*, 27(3), 2018
- Pratto, F., J. Sidanius, L. M. Stallworth, and B. F. Malle "Social Dominance Orientation: A Personality Variable Predicting Social and Political Attitudes," *Journal of Personality and Social Psychology*, 67(4), 1994
- Pyke, K. D. "What is Internalized Racial Oppression and Why Don't We Study it? Acknowledging Racism's Hidden Injuries," *Sociological Perspectives*, 53(4), 2010
- Réaume, D. G. "Discrimination and Dignity," *Louisiana Law Review*, 63(3), 2003
- Rodriguez-Garcia, D. "Beyond Assimilation and Multiculturalism: A Critical Review of the Debate on Managing Diversity," *International Migration & Integration*, 11(3), 2010
- Rosette, A. S. & L. P. Tost "Perceiving Social Inequity: When SubordinateGroup Positioning on One Dimension of Social Hierarchy Enhances Privilege Recognition on Another," *Psychological Science*, 24(8), 2013
- Rucker, D. "The Moral Grounds of Civil Disobedience," *Ethics*, 76(2), 1966.
- Sandel, M. J. *Justice: What's the Right Thing to Do?*, New York: Farrar, Straus and Giroux

2009（韓文版《何謂正義》，김명철譯，와이즈베리出版，2014）
- Saucier, D. A., C. J. O’ Dea, and M. L. Strain “The Bad, the Good, the Misunderstood: The Social Effects of Racial Humor,” *Translational Issues in Psychological Science*, 2(1), 2016
- Schmader, T., M. Johns, and C. Forbes “An Integrated Process Model of Stereotype Threat Effects on Performance,” *Psychological Review*, 115(2), 2008
- Sherif, M., O. J. Harvey, B. J. White, W. R. Hood, and C. W. Sherif *Intergroup Conflict and Cooperation: The Robbers Cave Experiment*, Middletown: Wesleyan University Press 1988（韓文版《我們和他們，關於衝突與合作》，정태연譯，에코리브르出版，2012）
- Siegel, R. B. “Discrimination in the eyes of the law: How color blindness discourse disrupts and rationalizes social stratification,” *California Law Review*, 88(1), 2000
- Singer, J. W. “No Right to Exclude: Public Accommodations and Private Property,” *Northwestern University Law Review*, 90, 1996
- Spencer, S. J., C. M. Steele, and D. M. Quinn “Stereotype Threat and Women’ s Math Performance,” *Journal of Experimental Social Psychology*, 35, 1999
- Steele, C. M. and J. Aronson “Stereotype Threat and the Intellectual Test Performance of African Americans,” *Journal of Personality and Social Psychology*, 69(5), 1995
- Tajfel, H., M.G. Billig, R.P. Bundy & C. Flament “Social categorization and intergroup behaviour,” European Journal of Social Psychology, 1(2), 1971
- Tapp, J. L. and L. Kohlberg “Developing Senses of Law and Legal Justice,” *Journal of Social Issues*, 27(2), 1971
- Tyler, T. R. “The Psychology of Legitimacy: A Relational Perspective on Voluntary Deference to Authorities,” *Personality and Social Psychology Review*, 1(4), 1997
- Uhlmann, E. L. & G. L. Cohen “ ‘I Think It, Therefore It’s True’ : Effects of SelfPerceived Objectivity on Hiring Discrimination,” *Organizational Behavior and Human Decision Processes*, 104(2), 2007
- Walton, G. M. & L. C. Geoffrey “Stereotype Lift,” Journal of Experimental Social Psychology, 39, 2003
- Walzer, M. *Spheres of Justice: A Defence of Pluralism and Equality* New York: Basic Books 1983（韓文版《正義與多元的平等：正義的領域》，정원섭譯，철학과현실사出版，1999）
- Wilson, R. F. “The Nonsense About Bathrooms: How Purported Concerns over Safety Block LGBT Nondiscrimination Laws and Obscure Real Religious Liberty Concerns,” *Lewis & Clark Law Review*, 20(4), 2017
- Wright, J. S. “Color-blind theories and color-conscious Remedies,” *The University of Chicago Law Review*, 47(2), 1980
- Yoshino, K. “Assimilationist Bias in Equal Protection: The Visibility Presumption and the Case of Don’t Ask, Don’t Tell,” *The Yale Law Journal*, 108, 1998
- Young, I. M. *Justice and the Politics of Difference*, New Jersey: Princeton University Press

1990（韓文版《差異的政治與正義》，김도균、조국譯，모티브북出版，2017）
- Young, I. M. “Equality for whom? Social groups and judgments for injustice,” The *Journal of Political Philosophy*, 9(1), 2001
- Zillmann, D. and J. R. Cantor “Directionality of Transitory Dominance as a Communication Variable Affecting Humor Appreciation,” *Journal of Personality and Social Psychology*, 24(2), 1972

國家圖書館出版品預行編目(CIP)資料

善良的歧視主義者 / 金知慧著 ; 王品涵譯. -- 初版. -- 臺北市 : 臺灣東販, 2020.11
240面 ; 14.7×21公分
ISBN 978-986-511-482-4(平裝)

1.社會心理學 2.偏見

541.7 109012985

善良的_歧視主義者

2020年11月1日初版第一刷發行
2023年11月1日初版第六刷發行

作　　者　金知慧
譯　　者　王品涵
編　　輯　曾羽辰
特約美編　鄭佳容
發 行 人　若森稔雄
發 行 所　台灣東販股份有限公司
　　　　　＜地址＞台北市南京東路4段130號2F-1
　　　　　＜電話＞(02)2577-8878
　　　　　＜傳真＞(02)2577-8896
　　　　　＜網址＞http://www.tohan.com.tw
郵撥帳號　1405049-4
法律顧問　蕭雄淋律師
總 經 銷　聯合發行股份有限公司
　　　　　＜電話＞(02)2917-8022

TOHAN